大脑使用指南

大脑使用指南

其实你活在大脑创造的虚拟世界里

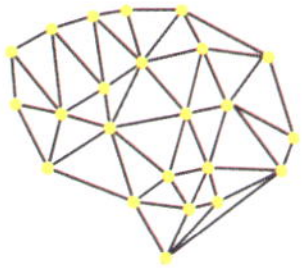

赵思家 —— 作品

湖南科学技术出版社

目录 Contents

THREE
我们应该科学地找对象

FOUR
“我是谁”“从哪里来”“到哪里去”

FIVE 加上神经科学的光环，是科幻，还是未来？

我的大脑

大脑被分成四个区域，每个区域叫“叶”或说“脑叶”。因为大脑左右半球，所以每个大脑有四对脑叶。也因为大脑分为左右半球对称，这里仅展现左脑侧面的脑叶分布。

额叶 Frontal lobe

性格、管理和计划、自我意识、奖励（做某事而得到愉悦感）、评判（一幅画是美还是丑）等等重要的认知功能都和额叶密不可分。

在人类大脑中，额叶是最大的脑叶，但有些动物基本没有额叶，这显示了额叶与进化可能有很大的关系。

颞叶 Temporal lobe

主要负责处理听觉信息。颞叶内侧有一个叫海马体的结构，它在形成长久的记忆中有重要的功能。颞叶还会帮助视觉系统“看脸”——物体和人脸识别。

脑干 Brainstem

控制呼吸、心跳、吞咽等等不需要意识就能做出的日常行为。

顶叶 Parietal lobe

这里有负责处理各种感知信息（包括痛觉、触觉、空间感等）的综合中心。同时，人类特别强大的语言和记忆能力也和这里密不可分。

本图不是真实比例　正确的解剖结构请参见教材

小脑 Cerebellum

在应激反应中有重要作用。由于小脑不会主动产生行为，所以常常被忽视。其实，大脑的主要作用就是分析外界带来的感知信息，并且做出合适的动作反应。而小脑恰恰是调节两者之间关系的不可缺少的重要器官。它能够同时处理大脑和脊髓两边发送过来的信号，调节我们的姿势在时间和空间上的准确度。小脑帮助我们更好地控制自己的身体，成为自己身体的主人。从开瓶盖，到打高尔夫球，再到复杂快速的讲话、乐器演奏，都是小脑帮我们学会的。

枕叶 Occipital lobe

主要负责处理视觉信息，梦境中的视觉效果也是这里产生的哟。

另类大脑

你哪儿来那么多问题?

- 彷徨的榴梿：为什么有人觉得臭、有人觉得香?
- 不同颜色的杯子会影响咖啡的味道
- 上瘾，到底是怎么一回事儿?
- 一系列色色的问题（章节四）

- 什么是听觉的“鸡尾酒效应”?
- 每天听音乐超过一小时，真的会导致听力减退吗?
- 听莫扎特的音乐，小孩更聪明?
- 为什么下雨天里的睡眠质量特别好?
- “咔嚓”声让脆皮冰淇淋变得更好吃?
- 你的脑海里能浮现出初恋的模样吗?
- 大脑里的GPS：2014年诺贝尔医学奖
- “恐惧”从何而来?

- 凭什么狗鼻子那么灵? 人类的嗅觉是退化了吗?
- 嗅觉是怎么工作的呢?

- 老师教你的舌头味觉地图是错的!
- 味觉是怎么产生的呢?

- 没存在感的小脑

- 为什么要长两只眼睛?
- 闭上眼，在视野里漂浮的那些奇怪的东西是什么?

本图不是真实比例　正确的解剖结构请参见教材

· 来一口花椒，体验50赫兹的震颤感
· 冷暖自知：为什么薄荷尝起来凉飕飕？
· 我痒，我挠，故我在
· 心痛是矫情还是真痛？失恋真的和被热咖啡泼到差不多疼吗？

· 大脑是如何“看”到的？
· 为什么《还珠格格Ⅱ》里的紫薇撞上石块后失明了？
· 大脑骗局的泄密——裙子到底是蓝黑色还是白金色？
· 多一点颜色：艺术家最想得的精神病四色视觉
· 那天生盲人的视觉皮层怎么办呢？

推荐序

Foreword

与世上最聪明的大脑做伴

“大脑”这个词，足以牵动每一个人的神经。

每一个活人都有一颗不断运行的智慧大脑，也是人区别于其他物种的标志性器官，我们会好奇大脑是如何运作的，以及人是怎么超越动物的（最好也能超越邻居家的孩子）。

2016年3月AlphaGo（阿尔法围棋，一款围棋人工智能程序）战胜世界顶尖的围棋选手李世石这一事件，必将载入史册，电脑开始对人脑发起终极挑战，“人工智能”被推到了聚光灯下，计算机领域的工程师们在夜以继日地研究如何从大脑构建中吸取灵感，制造更智能的机器。思想家们一直在思考“我是谁”，试图厘清精神与物质的关系。而这一切的底层，都是建立在对人脑运作机制的破解的基础之上。我们对人脑每多一分了解，上述问题就离最终答案接近一分。

这门学科，我们称为“神经科学”。

赵思家便是从事神经科学研究的一位优秀博士生，就读于UCL（伦敦大学学院）神经科学系，UCL的神经科学系在该领域的研究是全球数一数二的。她本科和硕士也是在UCL分别学习神经科学和计算机。我很看好这样的跨界，特别是对计算机原理的掌握，能让她在理解神经运行机制上有所借鉴。

思家的第二个身份是知乎的高产科普大V，在神经科学和心理学的问答中获得了无数的赞誉（知乎第三届“盐Club”荣誉会员等等）。我作为颁奖嘉宾第一次与她亲密接触。

思家的第三个身份是成都人，曾在号称“史上最牛班”的四川省成都市石室中学剑桥国际高中课程实验班就读，他们全班27人全部被英美等国的名校录取。这一点让我很困惑，曾经被报道的史上最牛班可是我的母校成都七中，数十人被清华北大等名校录取，怎么就成了隔壁的学校了呢？这让我格外关注这位隔壁学校的小同学。

今年6月，我去伦敦出差，特地约赵思家相聚，讨教人脑与人工智能方面的问题。众所周知，随着深度学习的展开，机器语音识别获得了突飞猛进的发展，但在特定的场景下，比如有随机的噪声干扰，机器的性能迅速降低到不可用。我本人是学习计算机的，很困惑人脑是怎么解决这个问题的。赵思家给我介绍了一个她设计的实验方法，通俗易懂地讲解了人脑在这方面的工作机制，迅速让我理解了人脑与计算机在这方面的区别。这次的会谈让我清晰且坚定地看到了计算机与人脑之间的巨大差距，得益于她的专业性以及讲解能力，我受益匪浅。一位有良好表达能力的专业人士是多么宝贵!

今年9月，思家把她的新作《大脑使用指南：其实你活在大脑创造的虚拟的世界里》交我阅读并请作序，我有幸能先睹为快，大为过瘾。这本书把科普作品带到了一个新的高度。一方面，作为顶尖高校的在校一线研究人员，在专业性方面与时俱进字字考究，并且附上了相关的论文和书籍作为参考；另一方面，在通俗性上做足了功课，各种打比方画图举例子，甚至别出心裁地把每一个自问自答都附上了难度星级，在思考怎样让读者受益方面非常用心。该书也充满了趣味性，我们日常生活中的“脑残”“脑补”“吃货”等概念，也得到了理论上的权威解读，这样的风趣，让此书的可读性大增，读完了之后更是忘不了。我相信即便是一位文科生，也能够在此书中找到自己的兴趣点。

有别于老外的畅销著作，通常就把一个观点包装成一本书，洋洋洒洒数十万字。读完了可能就只记住了“少吃糖”“把要解决的问题列成清单”这么一些简单概念。这本《大脑使用指南》里是满满的干货，而且对我们打小接受的一些错误观念“左脑情绪右脑理智”等进行了严肃地纠正。我相信这本书，能让每一个有好奇心的人受益，也能帮助我们了解自己。

读完这本书，我特别希望中国以后能多出一些思家这样的科普作家，不仅活跃在科研第一线去探索人类知识的边界，更能够把这些知识转化成普通人能够学习和吸收的养分，让整个世界更加丰富多彩。

王小川

于2016年9月19日

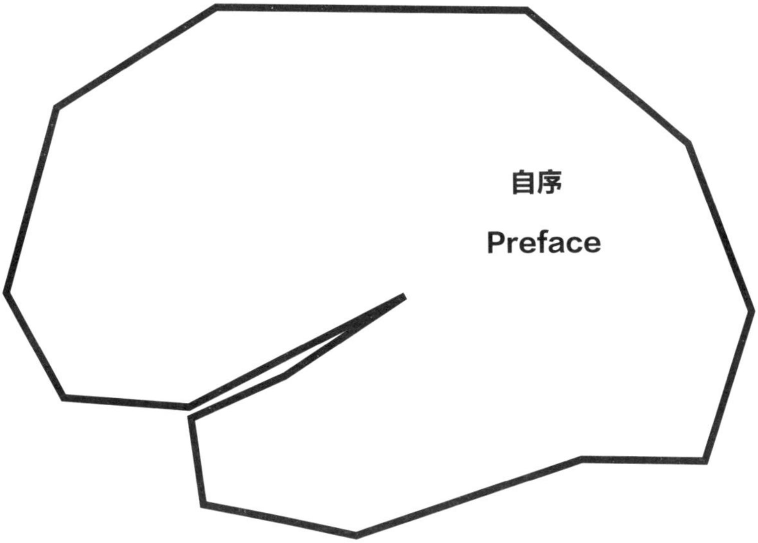

自序

Preface

我叫赵思家，家庭的家，不是佳人的佳。

我现在还在读书，是一名脑科学博士生。准确说来，是神经科学博士生，但这个名字听起来拒人千里之外，常有人问我：“是研究神经病的吗？”“要做开颅手术吗？”“是学心理学的吗？”“我好像有病，你帮我看看？”呵呵，其实都不是。

神经科学是一门研究大脑的科学。这门科学有很多分支，而我所在的分支叫认知神经科学（Cognitive Neuroscience）。“认知”是指人类大脑认识理解客观事物，并与之互动的一种能力，包括且不仅限于感知、记忆、语言、情感和分析推理。与心理学类似，认知神经科学家研究的主题非常广泛，日常生活中的一举一动都是值得观察分析的研究对象。但与心理学不同的是，我们使用的方法是神经科学的生物实验。

需要强调的是，现在很多神经科学研究还并不能用来直接解释心理现象。这里我必须要承认，在这一点上本书中不少文章“标题党”了， 有一定的误导性。但要是用真实的题目，又没人愿意翻开这本书了。

我一直很自豪，在最轻狂的年纪，学了世上最酷的专业。

我从来不认为自己是个做科研的料，我性格洒脱，缺乏耐心。但我一直认为，人之所以成为人，就是因为我们的好奇心。我们对火的好奇，让人类吃上熟食，与其他动物区别开来；我们对天空的好奇，驱动人类从莱特兄弟到登上月球仅仅用了60多年；然而，有趣的是，我们似乎对自己的了解少之又少，而了解最少的恰好是让我们对一切感到好奇的大脑。

这让我对大脑充满了好奇，所以选择了神经科学作为本科专业。本科毕业后，我想换个角度来看看大脑——人工智能，所以跨专业读了一个计算机科学硕士。读硕士的一年里，我从另一个角度看到了人类大脑的神奇之处，同时也对神经科学非常怀念，便利用闲时，在知乎上回答各种脑洞大开的问题，那些答案，就是本书的雏形。

我从未想过会在二十出头时出一本与自己专业相关的书，想想实在是太幸运。据我所知，著有大脑相关书籍的作者至少也是大学讲师，而我连博士都未毕业。这也让我异常紧张：我的文字会不会太“逗B”？内容会不会不够有趣？专业性有没有打折扣？会不会让读者对神经科学产生误解？

转念又想，打开这本书的人，对这本书的期待是什么呢？定然不是内容全面、措辞严谨的教科书，也不是深入权威的最新学术综述。我希望任何人，只要是个大脑拥有者，都能随时随地把这本书拿起来看：等人时，坐地铁回家时，甚至蹲厕所时（“痔疮之友”友情提示：请勿占茅坑超过5分钟）……当然也不可能做到完全地“轻轻松松”，有些部分无法避免地枯燥生涩，这里表示万分抱歉，我一定会继续精进。

“科普”是什么？科学普及，普及应该不仅仅是对已经深爱科学的人，而是让原本不理解科学怪人们之疯狂的人，也能够理解科学的可爱之处。

知识，绝对不会无趣；无趣的，只有错误的传递方式。

在此还要特别感谢来自美国卡内基梅隆大学（CMU）的Tina Liu学姐。在本文的视觉神经科学方面，她帮我找到了数个专业性漏洞，并提出了详细的修改意见，十分感谢。因我个人有限的知识和理解，本书无可避免地有这样或那样的错误，还请在知乎或微信公众号（neuroscienceme）上给我留言。如有需要，我会通过知乎专栏和微信公众号推送与书相关的补充和修正。

衷心希望，阅读愉快。

赵思家

2016年5月8日

难得有些初夏模样的伦敦

引言

Introduction

亲爱的读者，是什么原因让你打开这本书的呢？可能是好奇心，可能是觉得封面好看，也有可能只是坐在咖啡馆里消磨时间。无论是怎样的原因，这条指令都来自你的大脑。

无论你是谁，从哪里来，又往哪里去，无论你在不在乎大脑的存在，你与你的大脑都密不可分。你的所有决定、所有情感、所有记忆，都在大脑中生成又在大脑中消失。它至始至终地与你在一起，一起成长，一起老去，无法分离。

你与你的大脑之间的关系也是个细细想来会觉得很恐怖的问题。到底是你在控制大脑，还是大脑在控制你呢？当然，这里我并非想提出阴谋论，但不可否认的是，你的所有感知都由大脑经手，你的所有认知都在大脑中生成，你的所有行为都由大脑执行。

日常生活中充满了各种各样的信息，光线、声音、气味、触觉等等。这些信息都必须通过大脑的分析，才能为你我所用。正是因为大脑，我们才能够感受、理解身边的世界，并对环境产生合理的反应。换句话说，我们所知道的世界，都是由大脑“告诉”我们的。

既然大脑对于我们的生活如此重要，为什么在日常生活中它的存在感如此之低呢？这大概是因为，极简之后必是极繁——最优秀的设计便是让你无法意识到设计的本身。

本书由五十六篇独立文章组成。虽然各自独立成篇，但因为有些内容主题相关，我便将它们划分成了五个章节。为了方便阅读，我还在每篇标题旁边都标识了阅读难度：一颗脑是指“这篇又短又简单”，两颗脑是指“还行”，三颗脑是指“可能有点费脑”。

虽然这是一本面向国内读者的书，但因为当下几乎所有的神经科学研究都是用英文交流，所以本书中所有的专业名词和涉及的人名都有英文备注，所有的引用文献也都是用英文原文，在页脚标出，方便读者自行搜索。

ONE 大脑是个什么玩意儿

这章主要是用来帮助完全没有生物或医学背景的读者来个“头盘”，初步了解什么是神经科学，大脑是什么，小脑是什么，脑的基本单位——神经细胞——又是什么。看了这一章，求别再说“人类大脑只开发了10%”，我已经忍了很久了！真的要逼我展开完全体吗？！

TWO 其实我们活在大脑创造的虚拟世界里

先来看看你最熟悉的五种感知吧：视觉、听觉、嗅觉、味觉和触觉。这些你熟悉到不能再熟悉的感知联手为你创造了一个全方位的高清虚拟现实，展示着外界传递给你的信息。你不信？看了这章就知道了。

为什么《还珠格格 Ⅱ》里的紫薇撞上石块后失明了？每天听音乐超过一小时，真的会导致听力减退吗？花椒所带来“麻”的感觉，到底是味觉还是触觉？ 失恋真的和被热咖啡泼到差不多疼吗？痒和痛，到底哪个最让你欲罢不能？

THREE 我们应该科学地找对象

“饮食男女，人之大欲存焉。”《礼记》里的这句话，用今天的话说就是，吃吃喝喝和找对象，是人最基本的欲望。上一个章节里有几篇讲了吃吃喝喝。这里专门用一章来说说“男女”之事吧。

我在成都长大，成都有条很有名的街叫春熙路，很多外地男同胞来了成都都要空出半天，来春熙路看美女。爱美之心人皆有之，那什么是美？但男女之事，若只是美不美的问题，为什么女人们换国民老公比换包包还勤？

FOUR “我是谁”“从哪里来”“到哪里去”

保安的三大问题：“你是谁”“从哪里来”“到哪里去”。

面对这三个问题，物理学家、哲学家和文学家可能都有自己的看法。咱别说虚的，不如来看看神经科学的解释：

你的个人意识从何而来？大脑是如何感知时间的？你又是如何知道自己“从哪里来”“到哪里去”的？

FIVE 加上神经科学的光环，是科幻，还是未来?

有人跟我说，21世纪是神经科学的世纪。

我倒不知如何判定这句话的真假。不过，可以肯定的是，神经科学将会在我们的未来生活中占有一席之地。今天很多常见的科技，像是电灯、无线通信、飞机……在两百年前，如同魔法，是物理学将这些魔法变成了日常。得益于科技的进步，神经科学在过去不到一百年里已有了不少发展。

当今大众认为如同科幻的技术，读心术、预知未来，甚至近两年被媒体炒得很热的换头术。这些类似于科幻的技术，到底离我们多远，媒体的报道又有哪些真真假假?

由于所有问题都独立成篇，并不需要按顺序阅读。我排的这个顺序也并非最科学的，但个人认为按顺序阅读较为方便：从前到后阅读会从直观变得更抽象、所涉及的认知功能也更需要多方面合作，而且在读过第二章后，再阅读第三、四章会更为轻松，也会联想到前文提过的例子，甚至能够通过比较而产生新的疑问。有了前面四章的铺垫，读到最后一章时，可能你还未读，就已经有了些想法了。

亲爱的读者，你对这本书有怎样的期待呢? 如果是想学习知识，可能买本百科全书或者教材更合适。如果想打发时间，可能买本漫画书更为合适。而我希望能通过这本书，让国内的读者对神经科学有一些概念，未来看到相关的报道时，有一定的能力可以思辨性地判断它的真假，无须等待专家的一家之言。

日常生活中的很多问题，是等不到专家来解答的；你拥有的这颗大脑有很多趣味，也无须专家来为你发现。

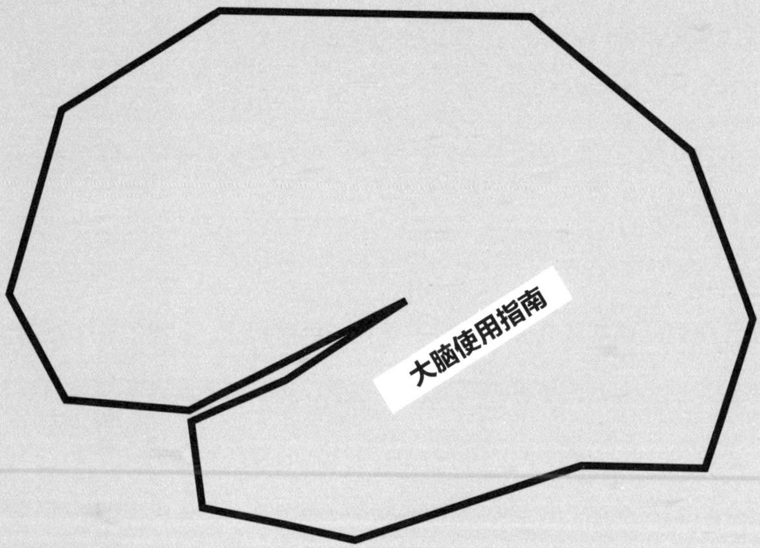
大脑使用指南

ONE

大脑是个什么玩意儿

大脑是什么，小脑是什么，
脑的基本单位——神经细胞——又是什么?
看了这一章，求别再说“人类大脑只开发了10%”，
我已经忍了很久了!
真的要逼我展开完全体吗？！

先来一口医学科学!

难易程度

不管是说医学，还是神经科学这个更专业一点的医学科学领域，无论临床、药物研发还是科研，我们都是在围绕两个基本学科——解剖学和生理学。首先，你知道解剖学和生理学到底是什么吗?

解剖学（Anatomy）——关于身体部位的结构和它们之间的关系的学科（The study of the structure and relationships between body parts）。

生理学（Physiology）——这些身体部位是如何一起工作并让身体正常运转的学科（The science of how those parts come together to function, and keep that body alive）。

换句话说，若 × 指身上的某器官，解剖学就是关于你的 × 是什么、长什么样、搁在哪儿的，而生理学是关于 × 是做什么的、怎么做的学科。

你为什么活着？你是怎么活着的？当你生病时，为什么会感到“不舒服”？身体又是如何从疾病或手术之后恢复的？死亡、做爱（做爱做的事儿）、吃饭、睡觉……不管你是否有意识地去观察思考，还是完全不想去想，反正身体的各个器官都照样按部就班地工作。当然，只会比你想象中的复杂，也比你想象中的更奇妙。

学习解剖学，对于医生必然重要：要是医生都不知道正常的心脏长什么样、长哪儿，还谈什么诊断和治疗？但为什么研究医学科学的人也要学呢？直接研究它们的作用和机理不就够了吗？ 最主要的一个原因是：一个细胞或器官或整个身体的形态总是反映出它的功能。换句话说是Function follows form （即形态决定功能。很巧的是，建筑学里也有句非常像的但却恰好相反的话，叫Form follows function）。这一点在你身体里到处都能看到：你的心脏中血液走的是“单行道”，确保了血液在心脏里“交通顺畅”，而这全靠心脏里的瓣膜独特的设计阻止了血液倒流；骨头非常坚硬，因为这样才能保护和支撑起你身体的其他软软的肉肉和皮皮。

总而言之，无论从整体或是单个器官，还是组织以及一个小小孤单的细胞，都围绕一个主题——结构和功能的互补（the complementarity of structure and function）。这一点如同一条基本规则：在我们的身体里，从大（如整个人体）到小（如细胞）都是有效的。

细胞（cell）是生物体结构和功能的基本单位，也被称为生命的积木。你的身体中最小的细胞是红细胞（red blood cell），就是在血管里横冲直撞跑来跑去的那个圆圆的、中间凹进去的细胞。长得很可爱，以至于我每次看到它都会脑补成柿饼。话说每次上高速公路时我都无法控制地认为自己是一个红细胞，而公路就是血管。看到撞坏了的车还上路，我都会觉得，哎呀，会不会贫血了呢？红细胞有多小呢？最宽的地方也只有5微米（μm）。而最长的细胞是一个从你的大脚趾沿着腿一直到你尾椎骨的运动神经细胞，大概有1米长（不过关于这个说法嘛，若求准确请看最短和最长的神经细胞）。

冷知识：人的身体里最小的细胞是红细胞，最长的则是神经细胞。

细胞与细胞组织起来就形成了“组织”（tissue），如肌肉。当多种不同的组织联合在一起有了某种特别的功能，就会形成“器官”。譬如说，心、肝、肾、肺、皮肤（是的，皮肤是器官哦）等，当然还有大脑啦。多个器官又联合起来形成“系统”（system），譬如说消化系统由口、胃、肝、肠等器官一起形成。这个系统能够在一夜之间，把草莓蛋糕变成臭烘烘的“米田共”（糞，即粪），并把有用的营养提取走，变成“货币”给其他器官使用。这个系统想必你已经非常熟悉了吧，相信没人会在早上大便后抱着马桶大哭：“香蕉君啊，一夜之间你怎么成这幅模样了！时间把你怎么了？！”然而，各个系统又共同，不分你我他她，从形式到功能都复杂且有序地在一起形成一个完整的个体，而这个个体就是你。

所有的所有，无论是在细胞的层面，还是器官、组织的层面，所有单位都只有一个目标，那就是，体内平衡（homeostasis，或说稳态）。用人话说就是，当面对生存环境的变化时，器官与器官之间经调整和监管保持平衡状态，以保持内部不变的状态，使整个身体正常运作。

体内平衡这个词，简直就如同“生命的主题”一般。可以说，活着，就是为了保持平衡——保持资源和能量的平衡。也是因平衡而活着。平衡体温、平衡血压、平衡血糖……是不是太夸张了？完全没有。死亡是什么？对于学习文学、哲学、或是××学，你会有各类的答案。对医学生来说，只有一个答案，死亡就是完全地、无法逆转地失去体内平衡（extreme and irreversable loss of homeostasis）。器官衰竭、体温过低、极度饥饿、过度脱水……最后都导致平衡被打破。

举个例子，下一刻，你的胳膊突然掉下来了（背景音：啊啊啊啊啊啊——），血奔涌而出（啊啊啊啊啊啊啊——），然后你光顾着喊，什么也不做，过一会儿就Bye bye了。但为什么掉个胳膊就会死翘翘呢？简单地说是失血过多。那为什么失血过多会死呢，好孩子，就是要这么问，因为失血过多会使血压“嗖嗖嗖”地降低，血压低后就会导致氧气在全身中的供给减少，啊，我的意思是缺氧。（啊啊啊啊啊啊——）缺氧了，脑袋就不转了……脑子不转了本来也没啥（啊——），但脑子是保持体内平衡的最重要大Boss，它一倒下，其他器官来不及反应就越变越糟，血继续流啊流，器官一个两个慢慢坏掉……然后你也静音了（……）。

总而言之，关于医学的任何问题，或者关于健康的任何问题，无论是身（Physical）还是心（Mental）上的，都是围绕着这个平衡。

我个人认为，无论是否学过医学，当你对某个生理现象产生疑问时，尝试围绕这个平衡问题去观察和寻找，总能找到蛛丝马迹。当然，完全理解一个生理现象，一定是需要全面的医学知识的，因为学习绝无捷径。

大学毕业时，我们在毕业典礼上开玩笑，寒窗苦读几年，学的全是假想和猜测，说不定没过几年，发现我们学的都是错的。不错，在我眼里，我们在神经科学里就是类似于“盲人摸象”。那为什么还要学呢？这本小书也面临同样一个问题：既然我这里写的可能现在是有理有据，但没过多久就可能被证明是错的，或者我本身就写错了，那你为什么还要看呢？

我认为对于这两个问题，答案是一样的：

虽然真相只有一个，了解它的路径却有多条，但时间是条单行道，我们只有带着错误和问题不断前进，不断前进。

神经科学是什么鬼？

难易程度

“你学什么专业的？”“神经科学。”“喔——好厉害！”

这人心中多半在嘀咕：“神经科学是什么鬼？研究神经病的？开颅的？”。稍微了解一点的，可能会问，是心理学吗？是哲学吗？

通俗一点说，神经科学（Neuroscience）是一门研究大脑功能的科学，是个跨专业范畴很广的生物医学领域。

在临床方面，比较令人熟知的研究话题有，帕金森病、阿尔茨海默病、渐冻症、精神分裂症，或是更加稀有、更少见的神经疾病如失语症；也有更加基础的以“大脑功能是如何运转、为什么这么运转”为中心的理论性研究，譬如说：为什么睡觉时会做梦？你怎么知道我看到的花儿和你看到的是一样红？为什么听到一些音乐、闻到一些气味，会让我们产生很复杂的情绪？基本上，这群神经科学家最喜欢干的事儿，就是让一切文艺和浪漫的事儿，变得不文艺不浪漫。

换句话说，前者全力想解决大脑功能出岔子后“怎么办”，后者想回答正常大脑“为什么”会这样做。

这么说，临床研究岂不是比基础研究更为重要？这一点估计很多人都有自己的想法，但我觉得完全相反。治疗疾病好比是修一个仪器，只有先知道了正常的仪器是怎么样的，你才知道哪里出了问题，才知道该怎么修、如何修才能减少对仪器的伤害。虽然很多人都觉得基础科学很深奥很酷炫，但很可惜的是，大多数人并不理解它的重要性。我们的研究绝对不仅仅是为了满足好奇心而已（虽然对大多数的科学家来说，这个原因就足够了）。

那到底什么是“神经”呢？

神经系统相当于整个身体的联络和控制系统，它收集感知信息（对外和对内，对外指看到、听到、闻到什么，皮肤的感知等等，对内指身体内的血压、血糖等等的变化）、对收集到的信息实时分析整理，给出决策，并由运动神经再将决定好的反应（譬如说迅速逃跑）执行下去。

神经系统又分为中枢神经和周围神经。而负责思考、学习、记忆、情感等认知功能的大脑，仅仅只是中枢神经的一个部分。中枢神经是指脑（包括大脑、小脑、脑干）和脊髓，而周围神经就是除此以外的神经组织。简单地讲，中枢神经就是负责分析信息做决策的中央政府，而周围神经就是分布在各地收集信息、并且执行中央政府下达的指令的地方单位。整个神经系统在成人体重中仅占3%，但它毫无疑问是人体中最复杂，也是我们现在了解得最为有限的系统。

既然神经系统是一个联络和控制系统，那它是通过什么来传递信息的呢？答案是电。神经系统最重要的基本单位叫神经细胞。虽然有各种各样的神经细胞，形状也各异，不过它们大致长得很像长了很多条腿的章鱼，然后它们“腿牵着腿”形成一张可以传递信息的网络。当神经系统一头的一个神经细胞被“激活”之后，它的腿里就会形成电流，电流沿着腿传递到牵着的下一个神经细胞的腿里。就这样一个传一个（或多个），电信号就会传递到大脑里，并通过相似的传递机制，完成各式各样的认知功能。神经细胞这条大长腿叫作轴突（axon），为了让电流能够沿着腿传得更快，轴突一般都会被一种叫“髓鞘”的东西裹住。髓鞘的主要功能是电绝缘，就像是在腿上裹上厚厚的口香糖一样，一方面这样相邻的腿就不会相互干扰，而且电流就只能在髓鞘与髓鞘之间跳跃式前进，加速了传递速度，同时髓鞘还起着保护大长腿的作用。废话这么多，就是想说这“轴突”就是神经细胞的命根子，这要是断了的话，真的会很麻烦。

其实，神经细胞只占神经系统的10%，大多数实际上是胶质细胞（glial cells）。胶质细胞是神经细胞的好伴侣，已知功能主要是为其他神经细胞提供支持、营养供给、维持稳定的环境以及绝缘（髓鞘实际上就是一种胶质细胞的小手）。

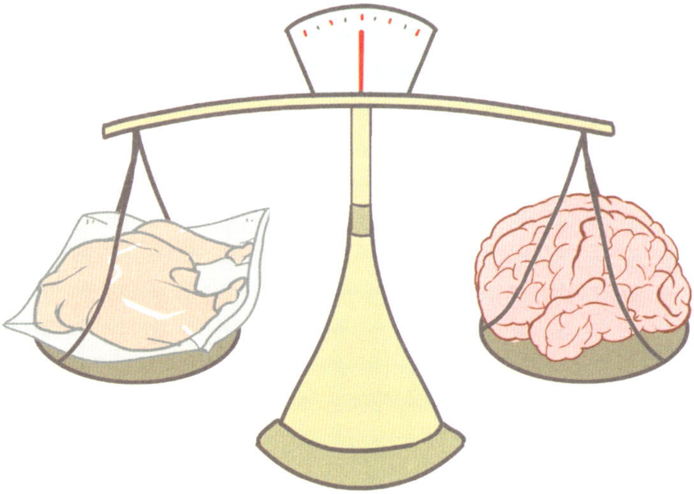

那么，大脑到底有多大？这一点很多人都没有直观感受。下次家里做小鸡炖蘑菇时你可以去瞅瞅，你的大脑大概和一只光溜溜的小母鸡一样重、差不多大。在英国，超市里卖的鸡都是收拾好的，去毛、去头、去爪、清空内脏，重量大概差不多是1.5千克。当然，每个人的大脑的重量和体积略有差异，但区别并不是太大。

要注意的是，神经科学和心理学是两个不同的学科。心理学是以研究人的行为（为什么我会这么想、这么做）和发展（对同一个事物，小时候这么做，长大后那么做）为主的，简而言之，心理学研究的是“mind”。虽然神经科学也要研究人的行为，但研究的角度是不一样的，神经科学家更关心的是，是什么导致了这个行为，并从基因、细胞、组织、系统、认知各个层面来研究它。

但是这里也必须要强调一点，至少在现阶段，神经科学上的种种发现，并不等同于对心理现象的解释。不能盲目地用神经层面来取代心理层面，这样的举动就像是试图用一个治疗方法来治疗所有的癌症一般。

非常肤浅也不太准确地打一个比方。若有一朵红花，心理学家感兴趣的是人在看这朵红花时的想法和行为，是撕碎它呢，还是将它赠予喜欢的人呢？这样的行为又与花、与此人本身、与社会有什么关系呢？而神经科学家就会逮着你问，你怎么看到这个东西的？眼睛是怎么运作的？大脑又是怎么分析这个图片的？整个过程花了多长时间？用了哪些细胞？你怎么知道是“红色”的呢？又怎么知道它是“花”呢？

来来来，坐下来，不要怕，让我们来看看你大脑里哪些细胞在处理这些信号，再和小白鼠和猴子的大脑做一下比较……欸欸欸，别跑啊……伙计们，快抓住那个实验志愿者！

关于大脑的十大流言

难易
程度

流言一：正常人的大脑只开发了10%

在爱因斯坦死后，科学家研究发现，他的大脑有20%被开发，远远超过了正常人被开发的大脑比例（10%）。

不好意思，只要你是个正常人，即使你睁着眼睛，什么都不想，整个大脑仍然都在使用中。如果是做一些稍微复杂的工作，如起身走路、说话，那你的大脑包括小脑、脑干，每一个部位都在运行。

这个流言只要做一个简单的功能性核磁共振成像就不攻自破了。可能有人会问，那很多脑成像实验中说当人做某件事情时，某某大脑区域被激活是怎么回事呢？实际上，你所看到的脑成像图是经过分析之后的结果，通过对比多组实验所得的脑成像扫描，它会发现你在做某一件事情时，某个大脑区域相比其他情况、其他区域更为活跃。

2014年女神斯嘉丽·约翰逊的《超体》（*Lucy*）上映的时候，我连预告片都没看就激动地花了60元人民币去了电影院。到了那个伪科学家开始讲正常人的大脑只被开发了10%时，我心中就想，“药丸药丸（要完要完）”。整个故事讲的就是女主机缘巧合下大脑被急速开发，一路开外挂，当大脑被开发了28%时，成了万磁王；到了100%时，呃，变成了一个U盘。我爱女神，也很喜欢此电影的各种酷炫的镜头。但是，导演你怎么能用这个20世纪最傻的大脑流言来做科幻电影的梗呢？会误导多少小朋友啊！

流言二：我们只有“看听闻尝触”五种感知

欸欸欸，难道不是吗？实际上，除了这五种，我们还有其他的感知，譬如，由耳朵里的前庭系统负责的平衡感知（equilibrioception）。这个感知时刻负责我们的平衡状态（譬如说是站直了还是弯着腰，还是在倒立），以及运动情况（譬如是静止的，还是突然快速地被撞飞）。当我们在做任何动作，从简单的走路到困难的瑜伽动作，平衡感知能够帮助大脑去精准地调节动作的角度，从而顺利完成这些运动。当平衡感知出现问题的时候，最严重的情况是连走路都会觉得很困难，每走一步都觉得非常眩晕，或是容易摔倒。这些信息都能够帮助大脑了解身边的环境，并掌握自己的身体状况，并能够迅速地对环境的改变（有辆车迅速向你靠近）做出合适的反应（快跑）。

流言三：人类的大脑有1000亿个神经细胞

别说大众了，估计问一些神经科学家，不少人还是会回答是“1000亿”。实际上，2009年，已经有科学家更加精确地计算出，人的大脑有860亿个神经细胞。你说四舍五入就差不多了？140亿个神经细胞可等于一个狒狒的大脑！我们人类的大脑可不是“买一赠一狒狒脑”，这又不是在烫火锅！

流言四：左脑人更严谨，右脑人更有创意

现在已经挡不住“快来测试你到底是左脑人还是右脑人”这类以偏概全的解读了。的确，在很多情况下，大脑的使用情况并非一成不变永远对称的。最经典的例子是，在大脑的语言系统中，负责组织和产生语句的布若卡氏区（Broca's area）在大多数人的大脑中位于左半脑，而负责理解语言（譬如说听到别人说话或阅读）的语言中枢，韦尼克区（Wernicke's area）则位于右半脑。但这是因为大多数人都是右撇子，在左撇子的大脑中，布若卡氏区在右边，韦尼克区在左边。不过，这个被公认的结论也开始受到争论，感兴趣的可以参考第五章的《读心术真的可以实现吗？》。即使如此，不管怎样，到现在也没有任何研究发现，这种偏向对人的性格和创造力有什么影响。所以别再说什么“左脑人”“右脑人”啦。

流言五：随着年龄增长，大脑的所有功能都会因老化而越变越差

Aging is horrible（衰老是可怕的）。因为很多器官都会随着年龄的增长有无法避免的功能性衰退，譬如说耳朵、眼睛等等，很多神经性疾病也与年龄有无法忽视的关系，但这些并不代表随着年龄增长，大脑的所有功能都会变差。

流言六：听西方古典音乐，会让宝宝更聪明

也就是“莫扎特效应”，这在育儿话题中最为火爆。但令人失望的是，这个概念只是大众科普的误读。第二章节的《听觉：听不听得到，就这个旋律》中的

《听莫扎特的音乐，小孩更聪明？》将会专门来解析这个问题。

流言七：玩智力游戏能够让你的记忆力和思辨能力提高

常常听到说每天做些智力游戏，会帮助我们避免失忆症或阿尔茨海默病。实际上，至今为止我们并没有找到任何令人信服的证据。至少我们还没有发现我们常玩的这些智力游戏能给我们带来任何长久的认知帮助。

流言八：你的IQ从生下来就不会再改变

不，IQ是会变的——至少在目前的IQ测试检测中，跨度从60年到3～5年的各个大型实验中，都发现了IQ明显改变的证据。

最近由伦敦大学学院（University College London，简称UCL）做的一个实验[1]，组织了33名健康的青少年志愿者（12～16岁）。在2004年，科学家检测了这些青少年的智商并用核磁共振扫描了他们的大脑。在不告诉他们还会被测试的情况下，4年后，又联系到这33名受试者，邀请他们再来测试，结果发现33%的志愿者的IQ测试结果都有明显变化，其中有一名在4年之间增长了21分，而另一位减少了18分。这一方面说明了现有的IQ测试有很多不稳定性，另一方面也说明了IQ可能不是一直不

---

[1] Ramsden, S., Richardson, F.M., Josse, G., Thomas, M.S.C., Ellis, C., Shakeshaft, C., Seghier, M.L., Price, C.J., 2011. Verbal and non-verbal intelligence changes in the teenage brain. Nature 479, 113－116.

变的。

虽然我们现在并不确定是什么在后天影响了IQ，即使有些人可能天生因为大脑与别人的不同，从而得到一些我们所谓的才能。但正常的情况下，正如日本教育家福泽谕吉的名言："天不造人上人，亦不造人下人。"虽然这句话本意和这里的内容并不相符，但我想说的是，不要盲目地认为人的才智是不能改变的。

流言九：大脑在压力下发挥会更好

Deadline（死线）的确是第一生产力。但实际上外界压力只是让你集中注意力，而集中注意力肯定会让你避免愚蠢的失误，或是被网络信息分散注意力。但实际上，在做任何工作时，本就应该集中注意力。当注意力集中时，压力往往并不会让你更快更准确地解决难题。

流言十： 大脑损伤是永久性的

现在的神经科学和临床医学的确不能完全恢复中枢神经的创伤。

但这并不绝对——至少我们已经知道有多个病例，在切除某一块大脑或半边大脑后，神经细胞重新产生了新的连接，使得理论上应该消失的大脑功能重新出现。（不过必须强调的是，这种奇迹往往出现在年龄较小的病患身上。）

我大一时学过一个病例，有个小女孩天生就有严重的癫痫，一生下来医生就说她活不过一岁。结果她吃力地活到三岁，已经能说话和走路了，但由于癫痫过于严重，医生说为了减轻癫痫只能把左脑切掉。这时对一个语言已经发展成熟，且是右撇子的小女孩来说，面对的选择就是：要么因癫痫而死，要么永远不能说话，且很有可能瘫痪，但最后他们还是决定做半脑切除手术。术后十年，有人采访这个已经13岁的小姑娘，她早已完全康复，说话正常，能走能跑能跳，一切OK，只是有点瘸。而且她的梦想是当芭蕾舞演员。

这真是个令人感动的奇迹。大脑精细而脆弱，但有时也有让我们自己意想不到的坚强和神奇。在这本书的最后，我也讨论了关于“换头术”这个一直以来都让人觉得是天方夜谭的计划。

实际上，无论在生活中还是在科研中，有太多关于大脑的流言了。当然，我们现在所知道的也并不一定是正确的。可能只是用一个错误推翻了另一个错误罢了。但科学就是这样，我们所做的无非就是不断地寻找证据，不断怀疑，再不断寻找。

然而，真正需要意识到一个流言是错误的人，往往也最不会因此吸取教训。

装×必备：透视大脑的技术

难易程度 

为了研究大脑的运作机制，仅仅通过观察一个人的行为是远远不够的，我们得将大脑“打开来看看”。慢着慢着，别拿着榔头在你小伙伴的脑袋上比画！（友谊的小船说翻就翻！）

你可以把大脑想成一个封闭的盒子，你给它一颗糖，它能给你唱首歌、念首诗，也可能从你身边逃跑。你想看看盒子里是什么，可一打开，它就受了伤，甚至会死掉，更别说维持正常的工作了。你也可以仅仅通过研究它静止、已失去活力的形态来研究它，通过它的结构、形状来推测它的作用（解剖学），或是将每一个零件拿出来单独培养、看一个或是几个相关的零件是怎么相互作用的（神经细胞学）。

过去，想要将大脑和一个行为联系起来，只能通过分析大脑有损伤的患者

（俗名“脑残”）的行为来推测。譬如，一名病人某个大脑区域在事故中受到了损伤，结果这位病人在行为上出现了很奇怪的变化，譬如说他再也无法形成新的记忆了，但其他行为却没有受到任何影响。这说明这位病人大脑受伤的那个区域和记忆的生成至关重要。

为了更深入地研究这个区域，科学家不得不通过动物实验进一步地证实、确认更深层的机理。但问题是，其他的动物，即使是与我们最像的猩猩，和人还是有很多不同的，特别是在大脑这个器官上面。当我们想研究一些人类特有的，更为复杂的认知功能时，如情感、阅读、决策等等，很难仅仅通过动物来研究。所以，还是得看看人的大脑哪（科学家之间友谊的小船在风雨中摇曳）。

好在最近30年，脑成像技术越来越成熟，科学家终于可以在不损伤志愿者的身体的前提下，甚至在人的大脑正在工作时，通过各种各样的脑成像技术来实时观察大脑的活动。

在现在的神经科学研究中，常用的脑成像技术有很多种，主要有脑电图[1]、脑磁图[2]、功能性核磁共振[3]和正电子发射计算机断层扫描[4]等等。

功能性核磁共振（fMRI）

用简单的人话来讲，核磁共振就是能够用来看到当你在干某事的时候，大脑

[1] Electroencephalography，简称EEG。

[2] Magnetoencephalography，简称MEG。

[3] Functional magnetic resonance imaging，简称fMRI。注意，在医院诊断时主要使用的是MRI，为结构性成像，是用于分辨身体结构用的。它的作用和CT很像，只是在观察某些特定部位时，MRI的效果更为清晰。

[4] Positron emission tomography，简称PET。

的哪些区域会变得活跃。

它是怎么做到这一点的呢？当神经细胞活化时，细胞会消耗氧气，而氧气是借由血液中红细胞里的血红素，沿着微血管，送至每个细胞附近的。当一个区域的神经细胞们一起变得活跃，这个区域所需要的氧气增大，这样附近的含有氧气的血液就会流向这里，来补充消耗掉的氧气。所以，伴随着神经细胞的活化，这个大脑区域会有血流的变化，而且血氧浓度也会与周围的区域有所不同。如果我们能测量这个血氧浓度变化，就能够推测到，大脑的哪些区域变得活跃了。

那怎么来测量呢？我们在中学时就学过，当电荷沿着导线运动时，会在导线周围产生磁场。如果我们把电荷换成一个带有正电荷的质子，当它绕轴旋转的时候，也会形成磁场。人体约70%都由水组成，每一个水分子中含有两个氢原子，而氢原子的原子核的自旋角动量不为零。当你将它放入一个均匀的磁场中时，如果控制好这个磁场的能量，就能使得这个原子核产生共振，放出电磁波。而这个电磁波可以被检测到，经过处理，便能够知道发出这个电磁波的原子核的位置，并绘制出精确的图像。

其实，核磁共振里的“核”指的是氢原子核。但在临床上，因为担心病患会对“核”这个字产生畏惧感，国内也常将这种技术称为“磁共振”。

因为缺氧和氧化状态下的血红素对磁场的反应是不同的，所以根据血液里的含氧量就能够产生不同的信号，这个信号叫作血氧浓度相依对比（Blood oxygen-level dependent，简称BOLD）。

通过使用功能性核磁共振，通过绘制出大脑不同区域不同的BOLD信号，现在我们能够得到相对精细的大脑扫描图。更重要的是，因为这种成像方法对人体没有任何伤害，所以在临床和科研中都有广泛的使用。

使用功能性核磁共振成像，科学家能够定位大脑里什么位置负责怎样的认知活动，换言之，核磁共振成像有杰出的空间分辨率。但是，因为神经细胞的活化到产生BOLD信号，有1～5秒的延迟，所以核磁共振成像的时间分辨率比较差。这对变化迅速的大脑认知功能，譬如说听声音（大脑活动是毫秒级），就不是特别完美。另外，核磁共振成像设备非常昂贵，维护、维修以及使用它都不便宜。在我所在的实验室，使用一个小时需要300英镑（友情价），也就是近3000人民币。一个普通实验一般至少需要10个人，每个人1个小时，也就是说光是使用就需要花费30000人民币。这也是不能避免的，必须考虑在研究经费之内的重要因素。

如果你对这个技术很感兴趣，想对它深入了解的话，我推荐一本很不错的入门教材：Huettel, S.A., Song, A.W., McCarthy, G., 2009. *Functional Magnetic Resonance Imaging*. Freeman.（《功能磁共振成像》）

脑电图（EEG）

神经细胞靠传递电流来传递信息，即使在静止不动、什么也不想的情况下，大脑也如不夜城一般热闹。我们把能够将大脑所产生微弱的生物电，在头皮处收集，并放大记录的一种曲线图叫作脑电图。收集脑电图的时候，头上要戴一个帽子，帽子上有很多感应器（电极），电极贴在头皮上，就能收集到这个区域头颅下方百万千万个神经细胞的电流活动。打一个比方，大脑就像是一个体育场。体育场里在进行一场球赛，而每一个神经细胞就好像是一个时不时呐喊的观众。而你呢，就拿着一支录音笔，站在体育场外，通过千万个球迷的呐喊声来了解球赛的状况。

这个例子提供了几条信息：首先，脑电图并不是直接记录了每个细胞的活动，虽然它能够呈现大脑的一些反应，但是在研究和分析脑电波时，有很多需要注意的地方。其次，脑电图展现的并不是几个神经细胞或是某一个大脑区域的活动，它记录的是整个大脑中的神经细胞的电流产生的电压波动。第三，虽然它在空间分辨率上非常吃亏（也就是说，它并不能精准地展示大脑的某个特定区域的活动），但它在时间分辨率上非常好（精准到毫秒，也就是基本实时记录）。

在临床上，常用脑电图来诊断癫痫，有时对神经疾病的诊断也有很重要的作用。

举一个简单的例子，假设我已经给你戴好脑电图帽子，开始记录你的脑电波，然后你听我念下面两个句子：

第一句话：一个男人在自己的咖啡里加了牛奶。

第二句话：一个男人在自己的咖啡里加了袜子。

当你听到“袜子”这个违反语境的词语后400毫秒的时候，与听到“牛奶”相比，脑电波会有一个更高的波峰。通过反复的测试，我们发现，这个波峰（实际上专业叫“成分”）和“违反语境”有关系，只要听到或看到违反语境的词语或物体，都能够在脑电波里看到这个“成分”。

收集脑电波不是一件难事，但是要解释脑电波需要一定的知识储备，所以这里我没办法深入介绍。

自从1924年的首次人类脑电图实验之后，脑电图基本上是发展得最成熟也最便宜的一种脑成像仪器了。虽然现在已经有比脑电图更精确好用的脑成像设备，但脑电图最大的优势是，它非常便宜。弄一套普通的EEG设备，只要5万美元左右。而每做一次实验，便宜的时候，差不多只花2～3美元。

因为它发展成熟又便宜，很多公司和实验室（包括我现在所在的实验室）在尝试将之使用在人机界面上，用脑电波来下达一些指令。或是结合眼动追踪技术，给穿戴型设备，如谷歌眼镜，提供一些实时反馈等等。

如果你对这个技术很感兴趣，想对它深入了解的话，我推荐一本很不错的入门教材：Luck, S.J., 2014. *An Introduction to the Event-Related Potential Technique*. MIT Press.（《事件相关电位技术入门》）

因为篇幅的问题，我只能稍微介绍一下脑电图和功能性核磁共振。这两个技术也是在平时看神经科学相关的科普文章中常提到的。实际上，在神经科学业界，对不同的脑成像技术也是褒贬不一。使用这些成像技术，所得到的实验结果到底有多少说服力，也是仁者见仁智者见智。

根据不同的研究目的，选择哪一种脑成像技术是非常重要的。脑成像实验的设计和分析也是有很多的弯弯绕绕，很难在科普环境下一一解释清楚。非常遗憾，但也不得不承认的是，有很多脑成像实验缺乏严谨性，使得漂亮的脑成像扫描图不仅不能解答任何问题，反而会引起媒体和公众的误解。所以，当你在媒体上看到脑成像实验的结果时，包括在阅读本书时，请务必时刻保持怀疑的态度。

没存在感的小脑

难易程度

当我们说到大脑的时候，往往会遗忘掉后脑勺的小脑。虽然它只占了全脑体积的10%，但其主要功能却一点都不能忽视：它负责肢体动作，包括姿势、平衡、运动学习（如挥高尔夫球杆）以及演讲。

一、小脑拥有全脑一半的神经细胞数量

在学习小脑的相关知识时，我们第一个会学到的冷知识就是：这个只占了全脑体积10%的小脑，拥有整个大脑近一半的神经细胞。为什么这么小的体积却有这么多神经细胞？

要知道，神经细胞也有很多种，形状各异、功能各异，在神经系统中的分布也各异。其中，颗粒细胞（granule cell）是最小的神经细胞之一，细胞体直径只有5～8微米，整个大脑的75%以上都是这种细胞，而小脑中的大部分神经细胞就是这种体积极小又极其密集的颗粒细胞，而且在小脑里的颗粒细胞是大脑中最小的神经细胞，可惜我们现在对这种细胞的功能还不是太了解。不过，很清楚的是，小脑里的颗粒细胞接收了来自小脑之外的最大的输入信号，也就是小脑苔状纤维（mossy fibre，顾名思义，密密麻麻的跟苔藓一样），而这些纤维的另一头来自四面八方，最主要的来自大脑皮层，其次来自脊髓。

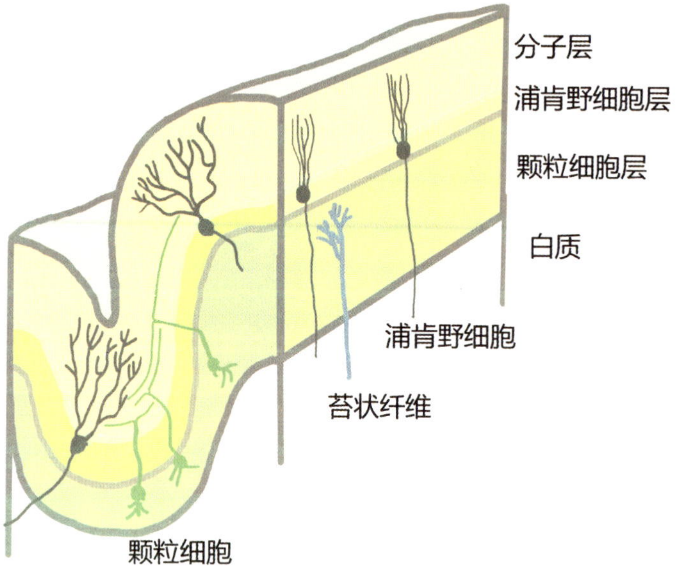

小脑皮层的分层结构图。小脑长得皱巴巴的，当把这些“皱纹”抚平，然后切开看横截面，在显微镜下，就会发现像是多层蛋糕一样，每个类型的细胞，从内向外按层排列。这个图展示了小脑的三层结构，包括最外的分子层、浦肯野细胞层以及颗粒细胞层，在这里最里面的白质没有完整画出。请注意，此图的每层厚度并非按精确比例画出，仅是粗略示意而已颗粒细胞将来自一根苔状纤维的信号，分成200多条“频道”散布出去。这里要说回小脑的功能了，小脑负责对话、演讲、运动和学习，但它并不负责发出指令，它负责将大脑发出的命令分工下去，让肌肉接收到信息，再告诉大脑：“你的命令已经传达下去了，下一步是什么呢？”

打个比方，你见到一个漂亮妹子，想跟人家打个招呼，“Hi，美女”，并挥挥手。大脑做出决定后，来自左半脑的布洛卡区帮你产生了正确的打招呼用的语言和发音 “Hi，美女”，而不是“爱，霉撸”，并将这个信息传递到了小脑，在小脑里再通过苔状纤维传递给了颗粒细胞，颗粒细胞将这个单一指令编译成了更为精细的任务。譬如说，嘴唇的哪个肌肉要动、舌头怎么卷起来、控制嘴巴的咬合要确保不会咬到舌头又不会口齿不清，啊，还有确保足够轻佻的尾音呢，还有别忘了挥手…… 当然，这个比喻并不准确，但希望能通过这个例子帮助你理解，为什么需要将一个简单的指令，分成那么多分支。但由于小脑里的颗粒细胞实在是太小太密集了，现在还很难在正常活动的动物的大脑中检测它们的信息传递情况，所以要知道它们如何解析复杂的运动信息的情况还需要一些时日。

这里必须提到一位非常杰出的英国神经科学家，David Marr（大卫·马尔），计算神经科学（Computational Neuroscience）的先驱之一。早在20世纪70年代，他就提出，这些颗粒细胞很有可能编译整合过大脑指令：每个颗粒细胞与4～5根苔状纤维相连，如果只有1根苔状纤维传递信息，颗粒细胞不会将信息传递下去，而当有多个苔状纤维激活了它，这个颗粒细胞立马会将这些纤维传递的信息整合起来，并分别传递出去。这样的机制减少了传递错误、杂乱的动作信号。这样，先在颗粒细胞层中把所有到达小脑的信息全部混合起来，颗粒细胞们再将捋好的信息发送给输出信号的浦肯野细胞，这样结构的逻辑不得不说在大脑中是很有趣的存在。David Marr在MIT（马萨诸塞理工学院）读博士时将很多心理学、人工智能和生理学上的知识糅合，还制作了经典的神经系统的模型，其成就鼓励了很多神经科学家往这个方向发展，对整个神经科学界都影响极大。可惜他在35岁时因白血病英年早逝。如果他还活着……

二、有人居然天生没有小脑！

不过，在继续讨论小脑的功能之前，先从国内发现的一例刷新“小脑的底线”的病例说起。2014年，国内发现世界上第9例天生没有小脑的病例（原发性小脑发育不全，primary cerebellar agenesis）[1]。小脑损伤导致脑功能缺失并不少见，但天生缺失整个小脑是极为罕见的。

这位中国女性在出现呕吐和眩晕的症状后，前去医院就医，CT和核磁共振扫描发现，本该是小脑的位置上却是空洞洞的——这位患者没有小脑！这立马解释了之前的症状。同时也解释了，为什么患者到6岁才开始说话，7岁才会走路，而且年幼时她也从来不能像其他小孩一样玩耍和跳跃。即使会走路，她也需要外界辅助。

语言测试发现她可以完全正常地理解词语，但缺失的小脑使得她在词语发音上有一些问题。医生说患者声音颤抖，说话含糊，声调刺耳。但科学家和医生都非常惊讶小脑缺失并没有让她完全丧失行动和语言能力，也没有什么非常严重或极端的症状。

脑脊髓液（cerebrospinal fluid）充满了原本应该是小脑的区域。经过测试，脑脊髓液正常，但颅内压力略高。通过脱水治疗和其他伤害较小的配合治疗，压力

[1] Yu, F., Jiang, Q., Sun, X., Zhang, R., 2014. A new case of complete primary cerebellar agenesis: clinical and imaging findings in a living patient. Brain.

有所降低，立即并长期地改善了一些症状。

而且在她的家族中并没有发现其他神经缺损的病例，据国内网上报道，这例病例是在济南军区总医院发现的，患者已结婚，并育有一名健康的女儿。

虽然理论上来讲，小脑并非生存的“必需品”，如维持呼吸、体温等等。“生存必备功能”是由脑干控制的，所以大脑或小脑损伤后也还是有很多能生存下来的病例。但这个在国内发现的病例，不是小脑发育不全，而是完全没有小脑啊！而且更让人称奇的是，这姑娘不仅活着，人家还活得好好的，孩子都可以打酱油了。

虽然目前已知已有30种基因异常会导致小脑畸形，但导致完全缺失小脑的原因，现在还完全让我们摸不清头脑。我们也不晓得这名患者随着年龄增长，会不会有症状恶化或新的症状出现。不过，既然她没有小脑也能较为正常地生活，小脑，是不是并没有那么重要呢?

三、既然没有小脑也能存活，它是不是并不重要呢?

当然重要。后天如果某一侧的小脑受到损伤，就会导致不能精准地控制同一侧的身体，譬如不能保持平衡、协调性降低，即使简单地临摹一条曲线也十分困难；同时，说话能力也会受到影响，轻则发音困难，重则丧失语言能力。

而目前所发现的9例天生没有小脑的病例中，也或多或少有语言和运动方面的问题。

至今发现的9例原发性小脑发育不全的病例情况

论文作者和年份	年龄	性别	失语	运动失调	运动发育	精神发育	其他
Yoshida and Nakamura（1982）	4个月	女	–	–	发育迟滞	发育迟滞	近亲结婚，小脑完全丧失
Sener and Jinkins（1993）	58	女	否	否	正常	正常	小脑近乎完全丧失
Sener（1995）	6	–	是	是	发育迟滞	正常	中度小脑相关症状
Sener（1995）	–	–	是	是	发育迟滞	正常	中度小脑相关症状
van Hoof & Willmink（1996）	46	男	构音障碍	是	正常	轻度迟滞	小脑完全丧失
Velioglu et al.（1998）	22	男	构音障碍	是	发育迟滞	发育迟滞	小脑几乎完全丧失
Deniz et al.（2002）	7	女	构音障碍	是	发育迟滞	发育迟滞	小脑完全丧失
Timmann et al.（2003）	59	女	构音障碍	是	发育迟滞	发育迟滞	小脑完全丧失
Yu et al.（2014）	24	女	稍有构音障碍	稍有	稍有滞缓	正常	小脑完全丧失

PS：非常感谢前辈周不润的友情提供，翻译自Yu et al. 2014的原论文。

那究竟是什么让先天就没有小脑的人和后天小脑受到损伤的人所受困扰的区别如此之大呢？这是因为，在早期发育时期，大脑的神经可塑性强，当神经系统某一部分出现发育迟缓或是其他不致命的缺失，其他发育的神经细胞可能会自发性地像是“替补队员”一样来适应这种空缺的情况，弥补不足，尽量帮助神经系统正常运行。

在先天性小脑缺失的这种情况中，很有可能大脑的某些神经细胞当了小脑的“替补队员”，行使了小脑本该负责的功能，如行走、说话等等，使得病人保有部分能力但并不能完美无缺（如这第9位最新发现的情况是，发育比较缓慢、说话不清楚、走路不稳）。

这么说来可能还是无法让人觉得小脑有多么重要，那是因为我们人类现在变懒了，一天到晚都是坐着，即使坐着也能生存下去，所以让人觉得好像运动和语言的精准度并没有那样重要。实际上，如果没有让我们精准地控制四肢和身体的小脑，我们连钻木取火这一最古老的技能都做不到，哪里还谈得上逃离危险甚至狩猎，直至进化到今天呢？

最短和最长的神经细胞

难易程度

对人类来说，神经细胞因其功能种类在人体位置的不同，长度从2纳米到1米多不等。

一般大家认为最长的人类神经细胞是坐骨神经（sciatic nerve），其轴突（axon）始于骨盆中间的位置，经大腿，到膝盖，在膝盖上方分叉。它的最长的分支叫胫神经（tibial nerve），从膝盖到大脚指头。人们常常说坐骨神经是最长的，其实是坐骨神经加这个，加起来可达1米多。

但严格地讲，最长的应该是正中神经（median nerve）和尺神经（ulnar nerve），这两个都是一口气从肩膀到手腕，然后再到手指尖。这个长度比大腿或小腿的都长。

冷知识：严格说来，人最长的神经细胞是肩膀到手指尖的正中神经和尺神经。当然啦，这和长颈鹿先生的比不得的。人家从脖子到脚指头，传入神经足足有5米！

在动物里，我查到最长的神经细胞是长颈鹿的传入神经（primary afferent neuron），从脖子到脚指头，可达5米长。

神经细胞的长度特别有名，是因为它的轴突的主要功能是传输信息，为了快，肯定一根轴突传到底。就好像是快马送信一样，如果马的速度不会因劳累而减弱或是有其他的任务要办，肯定是不会在驿站中转的。神经细胞也是一样的道理。（当然这是在信息“只需要走一条线，不需要到多个目的地”的前提之下。）而最小的神经细胞，就是上篇里提到的小脑里的颗粒细胞。

Sheldon送给Amy的生日礼物——Cajal 的神经细胞插图

难易程度

说到神经细胞，就不得不提到脑细胞结构研究的奠基人，西班牙神经学家Santiago Ramóny Cajal（圣地亚哥·拉蒙-卡哈尔）。在工作不繁忙的一年里，他在业余时间默默地画了几百个脑细胞插图，在一百多年后的今天，这些插图还用于大学教学当中。这些插图让他在1906年获得诺贝尔医学奖，也被认为是现代神经科学之父。

在《生活大爆炸》（*The Big Bang Theory*）第七季的某一集，Sheldon（谢耳朵）让他的女助手给Amy（艾米）买礼物时，助手的压轴礼物便是Cajal的手稿。在那一刻，我相信所有学神经学的人心中都会惊声尖叫……我导师的办公室里挂着一张Cajal手稿的复制品，我第一次走进她的办公室时，就惊叫："那是真作吗？！"神经科学的浪漫你不懂……

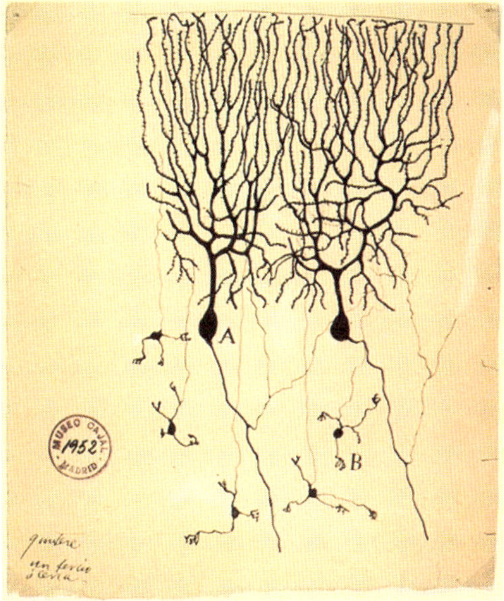

Cajal最有代表性的一张手稿：浦肯野细胞（Purkinje Cell）

最近也有艺术家将Cajal的插图与艺术结合，制作出非常有东方韵味的艺术品。譬如说，之前给美国卡内基梅隆大学做过一个超美的神经细胞作品的Greg Dunn（格雷戈·邓恩），感兴趣的可以去他的个人网站上看他的作品。

记得大三有视觉神经课，第一节课就是讲Cajal的各种故事和插图。他是个极其叛逆的人，非常抵抗权威，父母希望他能够和他们一样从事医学工作，有一天带他去郊外的坟场找尸体的碎片带回家画（这是什么爸妈啊！）。结果画骨骼是Cajal对医学产生兴趣的转折点——不会画画的流氓不是好神经科学家。他一个人一年业余时间所做的工作，比很多人一辈子做的都还多。想想自己，老是抱怨“没空”“太忙”，实际上都是些借口罢了，这就是平庸和杰出之间的差距吧。

神经细胞的好伴侣——胶质细胞

难易程度

在神经系统中，除了广为人知的神经细胞以外，还有种细胞比神经细胞数量更多，那就是胶质细胞（glial cells）。就现在的知识来看，胶质细胞在中枢神经系统里扮演着神经细胞的“老妈子”的角色，或者说做着各种行政工作，包括为神经细胞提供框架支持、营养供给、维持稳定的“生活”环境等等。而且胶质细胞种类繁多，各司其职、长得也特别不一样。

粗暴一点说，可以将胶质细胞大致分为两大类，一种叫大胶质细胞（macroglia，中文翻译好搞笑，我老是打成“大脚指细胞”），包含有很多分工明确的细胞，比如星形胶质细胞（astrocytes）、神经膜细胞（schwann cells）等等。其中，星形胶质细胞是数量最多的胶质细胞，它填充了神经细胞之间的空隙：它和神经细胞一般只隔着20纳米！那真的是脸贴脸，腿夹着腿了。不令人惊讶的，星形胶质细胞的一大工作就是为神经细胞们提供稳定的生活环境。

另一大类胶质细胞叫小胶质细胞（microglia），虽然只占胶质细胞数量的20%，但它的角色非常重要——中枢神经系统里的免疫细胞。它的工作任务是清除脑和脊髓里的感染性物质和已经坏掉的神经细胞，现已发现和帕金森病、阿茨海默病有很大的关系。

可惜的是，我们对胶质细胞的作用了解得还不够充分，它们的作用很有可能比我们想象的重要得多。而且在很多难以攻克的神经科学难题上有着关键作用，如神经再生。因此，也有科学家称胶质细胞为神经科学里“沉睡的巨人”——只是，不知何时我们才能将这个巨人唤醒。

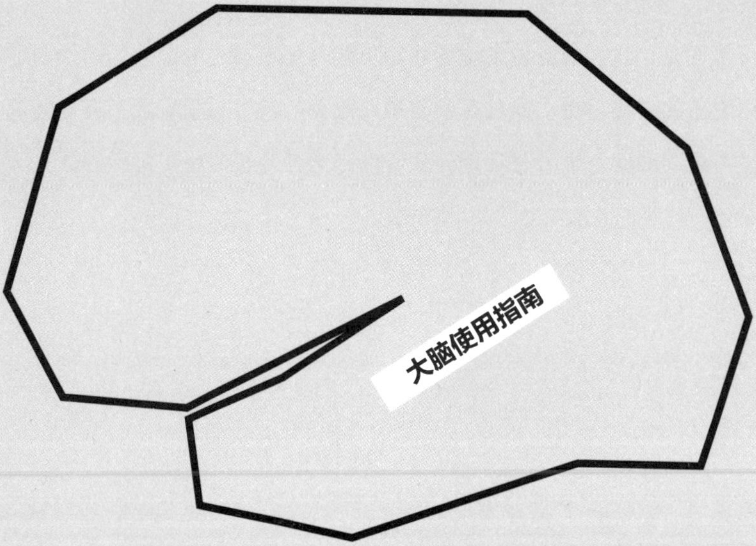
大脑使用指南

TWO

其实我们活在大脑创造的虚拟世界里

先来看看你最熟悉的五种感知吧：视觉、听觉、嗅觉、味觉和触觉。

这些你熟悉得不能再熟悉的感知联手为你创造了一个全方位的高清虚拟现实世界，展示着外界传递给你的信息。

你不信？看了这章就知道了。

昔者庄周梦为胡蝶，栩栩然胡蝶也。不知周也。

……不知周之梦为胡蝶与？胡蝶之梦为周与？

——《庄子·齐物论》

日常生活中充满了各种各样的信息，光线、声音、气味、触摸等等。这些信息都必须通过大脑的分析，才能为你我所用。正是因为大脑，我们才能够感受、理解身边的世界，并对环境产生合理的反应。

我一直在思考，既然大脑对于我们的生活如此重要，为什么在人类社会中，对它鲜有提及呢？为什么大家对大脑并不是很“在意”呢？

开始学习神经科学之后，我才恍然大悟。人类对大脑所缺失的应有的“在意”并非是一个缺陷，恰好相反，这正是一条细细想来都觉的恐怖的线索——我们都，深深地，被一直所相信的“现实”困在里面了。大脑展现给我们的这个“现实”太真实、太无瑕了，让人很难意识到，实际上，我们一直都被困于其中。

你怎么知道你看到的红色就是红色呢？你我看到的红色是一样的吗？为什么我们会给红色赋予各种各样的意义？我看到的纯色，可能并不单纯，但因为经过大脑的分析，让我只能看到它纯色的形态。而我们也只是在用一种互相能够理解的言语在进行思考和沟通。

其实，眼见不一定为实。你所听到的声音也仅是声音的一小部分而已；你所闻到的榴梿味可能和其他人闻到的并不一样；换一个杯子，就能让你觉得咖啡变了味道；你以为花椒的麻是一种味觉，但它实际上是一种震颤……

庄周梦蝶，是庄子提出的一个哲学论点，认为人不能确切地分清真实和虚幻。两千年后的我们，真的能说已经能够分清真实与虚幻了吗？

古希腊哲学家柏拉图在《理想国》中，有个非常有名的寓言，叫洞穴。讲的是有一群囚犯从小就被关在一个洞穴里，脖颈和手脚都绑在柱子上，不能走动、不能转头，只能往前看着投射到洞口墙壁上的影子。因为他们一辈子都只能看到那些影子，便深深相信这些影子便是“真实的世界”。而当有人挣脱枷锁，走出洞口时，才发现以前看到的不过是虚影罢了。虽然这个寓言有不同的解读方式，但在这里，真是个绝妙的隐喻。

你看到的、听到的、闻到的、记得的、感受的，都是大脑呈现给你的。当你质疑它时，你会寻求别人的肯定。你拿着一朵花问我，是红色的吗？我回答是的。你长出一口气，原来是虚惊一场。但你忘了，我的大脑和你的大脑也没什么区别啊！

你我其实就是被绑在洞穴里的人，大脑呈现给我们的世界就是墙壁上的影子。

视觉：眼见不一定为实

大脑是如何“看”到的？

难易程度

牛顿发现白光是由红、橙、黄、绿、青、蓝、紫的颜色光线组成。即我们对“白色”光的感知是由整个可见光的光谱所形成的。当白色的自然光照到物体上，物体会反射某种颜色的光线，这种光线进入人的眼睛，落到视网膜上。通过视网膜上的视锥细胞和视杆细胞，物理光线被转化为神经信号。视锥细胞负责“调查”光线的波长（对应光的颜色），视杆细胞则对明暗变化和运动较为敏感。而这，只是视觉的开始而已。

你可以把这整个流程当成一个快递公司的送货系统。光线所含有的信息是一个个包裹，从外界的不同位置，送入眼球。视网膜上收集到了视觉信号，视锥细胞的工作就是分收快递，然后按类别（即不同波长）打包，接着包裹被送入视神经。在此之后，有一小部分包裹，会被送到中脑的上丘（superior colliculus）去，这条路线被认为和眼球运动有很大关系，也和一些反射行为有关，如当有强光，人会下意识做出举起手或转头来保护眼睛的动作。而剩下90%的包裹会沿着固定的路线，经过交叉路口似的视交叉，将信号发到大脑里一个叫外侧膝状体（lateral geniculate nucleus）的区域。这个区域相当于一个中转站，然后经过这里，送往配送中心，即大脑视觉皮层（visual cortex）。这个超大的配送中心里分很多很多层，每层又负责不同的任务。视觉皮层位于头的后脑勺，还记得《还珠格格Ⅱ》里紫薇后脑勺碰了石头，然后盲了一段时间吗？所以在保护眼睛的同时，也要注意保护后脑勺哟。

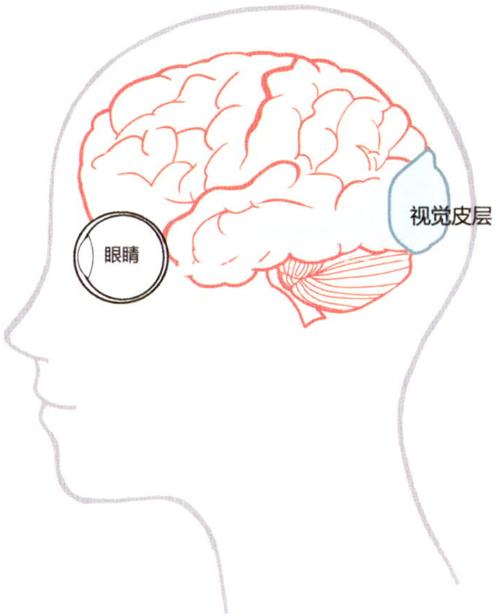

眼睛只是视觉神经系统的一小部分，而负责处理视觉信号的，是位于后脑勺的视觉皮层

包裹们会首先进入初级视觉皮层，先拆开包裹，然后看每个物体是原本来自哪里的，然后分门别类地送往下一层。在下一层又会分析，每个包裹是什么颜色

的，然后再下一层又看，这一堆包裹是个什么形状，那一堆是什么花纹；一层层下去，完成最基本的视觉信息的识别，在你的大脑中画出了看到的图像，然后还需要根据图像中物体和背景的关系，来进一步分析，哪里有阴影、物体之间的位置关系等等。最后把分门别类好的视觉信号发送到大脑的不同区域，去做更复杂的任务，譬如说，阅读、识别人脸、看电视等等。

这里我只是非常笼统肤浅地描述了视觉信号是如何被看到的。研究这个的学科叫“视觉神经科学（Visual Neuroscience）”。虽然哲学和神经科学常常有很多联系，但“视觉神经的工作原理是怎样的？”是可以单纯当成生物学问题看待的。“大脑里的神经活动是怎样引起了视觉认知，以及视觉认知相关的行为的”即视觉神经科学目标研究的主要问题。

为什么《还珠格格Ⅱ》里的紫薇撞上石块后失明了?

难易程度

在《还珠格格 Ⅱ》第34集里，紫薇后脑勺撞上了石块，结果失明了。1999年，才小学二年级的我，实在是太困惑了：那石头隔空打物，从后脑勺把前面的眼睛给弄坏了吗?

其实，眼睛是正常健康的，但视神经或是大脑的视觉皮层出现了损伤，也是会导致失明的。

在《还珠格格 Ⅱ》里，慌乱之中，紫薇的后脑勺撞上了石块，结果醒来时已经看不见了。这可能是因为当时损伤了位于后脑勺的视觉皮层。因为之后她又恢复了视觉，我推测当时她可能只是暂时性地失去了视野（visual field）。什么是视野？当保持眼球不动，面向正前方注视正中央一个点时，你所看到的空间范围，就是视野。在学术上，紫薇的这种情况叫视野缺损（visual field loss）。

有趣的是，大脑被损伤的位置不同，所导致的视野缺失也不一样。下图中，红色区域为大脑损伤的部分（左侧大脑后脑勺处）以及相对应的视觉损失的视野区域。[1]

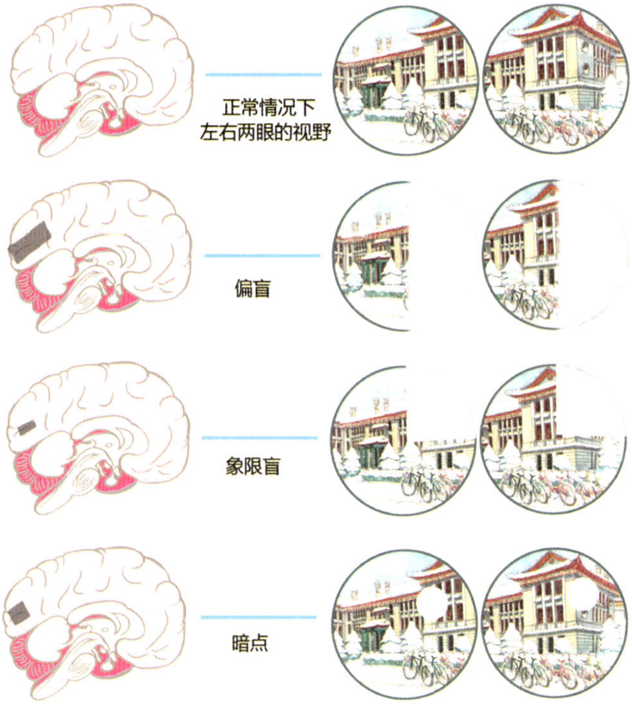

不同位置的视觉皮层损伤导致不同的视觉损伤。左列是左侧大脑，大脑上红色区域标示的是被损伤的区域。在此，为方便解释，所有的损伤都在左侧大脑。最上方表示正常情况下的左右两眼的视野。偏盲（hemianopia）：左侧视觉皮层受到损伤会导致“看不到”右侧视野。值得注意的是，无论眼球如何转动都无法看到右侧视野。象限盲（quadrantanopia），意思是视觉中看不见视野中的某一个象限……（说实话我更喜欢日本的翻译，叫“四分盲”，即四分之一盲）。还有最下方的视觉暗点（scotoma）

[1] Zeki, S., 1993. A Vision of the Brain, 1st ed. Blackwell Scientific Publications.

简单地来说，“左脑负责看右边，右脑负责看左边”。上图中的损伤都出现在左侧大脑，所以视野损伤都出现在右侧。在现实生活中，当出现偏盲的现象时，患者会将其形容为——“我的右眼看不见了”。实际上是整个右边视野看不见了，但因为缺乏神经科学的知识，以为视觉仅是由眼球决定的，误以为是右眼出了问题。

为什么要长两只眼睛?

难易程度

之前我看到了同一个话题的一篇果壳文章，开头很妙（但可惜我找不到实际的出处）。话题来自武则天，有天她问大臣们，为什么人要长两只眼睛？大臣们张口结舌，都答不上来，武则天则告诉大家，是为了当一只眼睛累了的时候，能睁一只眼，闭一只眼。这句话，本是武则天敲打大臣，要他们不要多管闲事，后来常被解读为“为人需大度，莫要斤斤计较”。

唉，忧国忧民的我真是为这帮大臣的生物学知识捉急（着急）哪……

这个问题很简单嘛，这个话题在学术上被称为双眼视觉（binocular vision）。

有两只眼睛，一方面是可以有更宽阔的视野，即使周边的信息不清晰，也能够有一些警醒作用。这对于常常被捕猎者设为目标的动物们异常重要，视野越宽广，越容易发现靠近的捕猎者。

另一方面就是能够对“视觉深度”的感知更加精准，换句话说就是知道一个物体离我们眼睛的距离有多远。当我们看着一个物体时，因为两眼之间有一定距离，所以两眼所接收到的图像会有不同，发送至大脑后，大脑便会分析两幅图像，从而更加精准地判断眼睛与目标物体之间的距离。然而，这个优势只有在双眼距离较小，两眼所接收到的图像有一定的重叠范围时才能发挥作用。当然，要是仅有一只眼睛也是能够估计这个距离的，只是不如有两只眼睛来得轻松精确。这一个视觉优势对于捕猎者异常重要：在追逐猎物时，运动的物体与自身的距离与捕猎成败息息相关。

要是武后兴趣浓厚一些，就该问，那为什么两只眼睛不放开一点？为什么有些动物的两只眼睛靠得近一些，有些两只眼睛分在头的两侧？

正如之前所提，双眼的两个优势相互牵制：如果想要更宽阔的视野，双眼就是分得越开越好；如果想要对一个运动的物体进行快速地跟踪，就最好让双眼靠近一些，有更多的重叠范围。所以，作为常被捕猎的“弱势”动物们，如兔子、羊、鹿，两只眼睛位于身体的两侧；而作为捕食者的鹰、狮子、老虎甚至蛇的双眼靠得都很近，且面向前方。最佳的对比例子就是鸽子和老鹰。即使在眼睛不动的状态下，鸽子也能看到300多度的视野，而老鹰只能看到不到120度，但有近90度为两眼视野的重叠区域。（唉，某鸟天生只有逃跑的命啊……）

冷知识：别看鸽子呆头呆脑的，即使你站在它身后，人家也是看得到你的哟。

鸽子和老鹰的视野范围。鸽子有将近全景的视野，而老鹰仅有120度视野。图中圆弧显示的是视野，深色区域为双眼视觉（Biocular vision），即双眼视野重叠部分；浅色区域是单眼视觉（Monocular vision），即只有一只眼能看到的范围

像我们人类这样双眼往前看的动物，（大多数，在正常状态下）两眼运动时是保持一致的。右眼往右看，左眼也按照相同的速度往右转动，使得视野范围向右平移。当然也有动物两只眼睛能够分别自行运动的，譬如说擅长伪装的变色龙，但毕竟人家是靠看环境、脸色吃饭的物种。

那为什么不能多长几只眼睛，甚至放一个在后脑勺呢？对神经系统来说，眼睛是一个很昂贵的配件，不仅眼珠，连相连的神经纤维都非常精细，也占据相当的空间，更重要的是分析视觉信息需要占据大脑很多的分析资源。生存，就是一路的妥协。

这一点，你可能从未意识到，但希望读完这一章之后，你能够理解，视觉神经系统是一个多么精致、设计巧妙的系统；在读完这本书之后，希望能让你理解，视觉仅是神经系统的诸多功能中的一个小小方面。人类的进化，一路上充满了我们与自然环境、与其他的物种之间的争夺和妥协。而对神经系统中的各个功能而言，相互之间，也在进行着无声无息的竞争。

闭上眼，在视野里漂浮的那些奇怪的东西是什么？

难易程度 

70%的读者看到这句话就应该知道我说的是什么，特别是在看到很亮的单色平面时（如蓝天），很容易看到奇怪的半透明漂浮物，而且这些漂浮物还会缓慢向视野下方或左右两边滑动。还不知道我在说什么？那你就是那剩下的30%，那东西大致长这样：

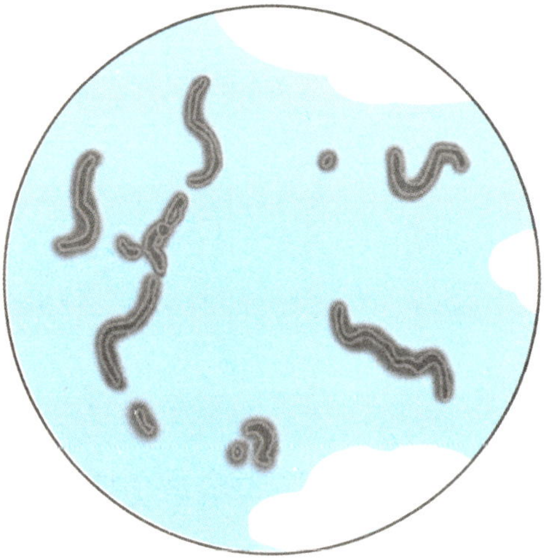

当光线充足，仰望蓝天的时候，偶尔在视野中会看到透明、蜘蛛丝一般的玩意儿飘来飘去，即使转动眼珠，它们还是在那儿

那到底是什么？为了展示，上图将它的颜色加深了许多。如果你看了这张图还是不理解，说明你从未有过这样的体验，建议直接跳过这篇文章。说实话，直到大三，我一直以为是我自己眼睛的问题。大三上主修课视觉神经的时候，老师说大多数人会看到这种漂浮物，叫floater（玻璃体浮游物），中文俗称“飞蚊症”。

人的眼球中心是由一种无色透明的胶状物体填充的，叫玻璃体，起着撑起眼球并固定视网膜的作用。而这些蜘蛛丝般的浮游物，实际上就是玻璃体里的一些搅在一起的蛋白质所造成的阴影。

当光线很亮，穿过晶状体时被这些蛋白质挡住，在视网膜上造成了阴影，进而看到了像上图一般，轮廓清晰但中间透明的样子。这些一坨一坨的蛋白质不是什么有害物体，实际上你时时刻刻都看得到它们，不过因为不明显，大脑也习惯了，所以你一般不会意识到它们。实际上眼内的血管也会挡住光线，但因为血管的位置是固定的，大脑习惯后，就会无视血管。另一种情况是，眼内出血会导致红细胞进入玻璃体，也会导致飞蚊症，特别是当玻璃体将这些红细胞推向视网膜时，会呈烟雾状出现。

一般来说，飞蚊症只是有些烦，不会对视觉有什么影响，但在严重的情况下，有时会很容易让人分心。而且近视的人特别容易出现较为明显的飞蚊症。老年人也更容易受到严重的视觉困扰，特别是在白内障手术之后。现在的年轻人因为用眼过度，也会导致飞蚊症的出现。当飞蚊症非常严重时，可以通过将玻璃体吸出，替换为类似的胶体来治疗，但这种手术很容易有严重的后遗症，所以若非飞蚊症严重影响视觉，不会建议患者用手术治疗。

如果你和我一样，闭眼后，有光线通过眼皮都会看到漂浮物的话，要好好注意用眼卫生了。用眼卫生不仅仅对青少年很重要，对我们成年人来说也是需要注意的。

大脑骗局的泄密——裙子到底是蓝黑色还是白金色？

难易程度

2015年3月初，有一条裙子，让很多人友谊的小船翻了又翻。“你觉得这条裙子的颜色到底是蓝黑还是白金？”成为很多人那两周见面聊天的开篇话题。你要是说不知道我在说什么，你肯定不怎么玩朋友圈。请自行上网搜索“蓝黑裙子”。

无论是看成白金还是蓝黑都和色盲色弱没关系，对一个物体的颜色的感知，不仅仅是“所见及所知”，而且是通过分析物体及周围的环境（如背景亮暗等），是将物体与环境一起分析、杂糅而成的。把这条原本蓝黑色的裙子，看成一条白金色裙子，只是一个“正常”的视觉错觉而已。

在睁着双眼的每一刻，大脑都会收到很多很多视觉信息。为了能够快速地分析这些信息，通过多年的学习，大脑会预先设计一些捷径，譬如说“人脸都是凸出来的”，或是“当光线暗的时候，看到的颜色和物体本身的颜色会很不一样”。这些捷径在大多数时候都是很管用的，帮大脑节省了大量的时间和精力，对人类的进化生存以及我们现在的日常生活有非常大的帮助。

但有时，这些预设的捷径会帮倒忙，使得我们产生了视觉错觉。

譬如说，在这次的“蓝黑裙子”事件中，明明是蓝黑色的裙子，很多人却觉得是白金色，是因为很多人都有“白色物体在这种昏暗的光线下会看起来像蓝色”的经验。简单地来说，就是你实际上看到了“蓝黑色”，但大脑走了捷径，将看到的视觉信号进行了分析和校正，让你觉得它其实是白金色的。

如果把视觉系统和照相机类比一下，这个捷径相当于摄影中的“自动白平衡”系统。

对于所看之物，我们每时每刻都在“脑补”。倒不是因为“眼见不为实”，而是“脑见不为实”。因为人的眼睛“看”到的颜色，和我们“想”的颜色是不一样的。

我穿着蓝黑色条纹的裙子分别站在黄色灯光的房间里（左）以及灯光昏暗背光的房间里（右）时，你看到的颜色实际上是不一样的。只有经过“脑补”，才会知道本来的颜色

多一点颜色：艺术家最想得的精神病——四色视觉

难易程度

No offense（无意冒犯）。

不管你是不是学艺术的，看完本章你估计都会想，要充多少话费才能得这种“病”。反正我是想的。

在学视觉神经学的时候，最好玩的事就是讨论每个人眼里的颜色是不是一样的，就像每个人听到的声音是否一样。

对拥有普通视觉的人来说，蛮难想象不同情况的色盲眼中的世界是怎样的（换句话说，看到的颜色比普通视觉的人少）。而更难想象的是，如果有人能看到更多的颜色，又是怎么样的呢？

每只人眼中有大约600万到700万个视锥细胞，这种细胞的重要特点就是在亮度高的地方有辨别颜色的能力。在普通视觉的人中，眼球中有三种视锥细胞。这三种视锥细胞能够吸收不同波长的光线，通过测量它们对于不同的光线的吸收能力，科学家发现它们吸收最佳的光线波长分别是：红色的长波（560纳米），绿色的中波（530纳米）和蓝色的短波（420纳米）。拥有这三种视锥细胞的人也被称为“三色视觉者”。

早在200年前，英国物理学家Thomas Young（托马斯·杨）就发现了光的三原色，即用相同比例的红绿蓝色的光相叠加就会成为白色光。根据这个生理原因，我们现在用的电子设备，都是用这个颜色模型来检测和显示图像。要注意的是，这和绘画里用的红黄蓝三原色不同，所以相对应地，在印刷时，专业人士会用包含着洋红色、黄色、天蓝色以及黑色的CMYK颜色系统。

三色视觉者能够看到近一百万种颜色，但只能区分150种左右。而且如果是灰色，常人也只能分辨出大概30种灰色，所以什么“五十度灰”（Fifty Shades of Gray[1]）是不现实的啦。即使如此，一百万种颜色听起来也不少了吧？

冷知识：拥有普通视觉的人能够看到近一百万种颜色。

别骄傲，还有人能看到一亿种颜色呢！

有些动物，如某些鱼（家里养的金鱼）、鸟类、昆虫，两栖动物甚至有第四种视锥细胞，让它们的视觉认知扩展到看得到紫外线。虽然从进化学角度来讲，很久

[1] 这是一个梗。《格雷的五十道阴影》（*Fifty Shades of Grey*）是英国作家E.L. James所著的一部情色小说，因其SM情节而非常有名。书名*Fifty Shades of Grey*，谐音Fifty Shades of Gray，即“灰色的五十种阴影”。

以前，估计很多哺乳动物都是四色视觉者，但随着基因改变、环境变化，这种视锥细胞在哺乳动物中已经没有什么存在的必要了，所以变得非常少见。

经过20多年的寻找之后，2010年终于发现一名英国女性有四色视觉[1]；紧接着，一名叫Concetta Antico（康希达·安蒂可），的澳大利亚印象派画家也被证实有四色视觉[2]。拥有四色视觉的人类，看到的颜色数量被认为是常人的100倍，也就是近一亿种颜色。

印象主义让Concetta表现了她眼中的世界：即使一个物体是单色的，她却会看到如马赛克镶嵌般的多种色彩（想想都觉得好璀璨）。

对于人类，两个负责视锥细胞色素的基因都位于X染色体上。因为女性的细胞里有两个不同的X染色体，更有可能会带有“与众不同”的视锥细胞色素的基因，就有可能产生四种不同的视锥细胞色素，进而有四种不同的视锥细胞[3]。哎，我们女性不易遗传到红绿色盲，又更容易有四色视觉，不得不说在这点上，上帝真是眷顾我们呀！

虽然在视网膜上有第四种视锥细胞可以让人的双眼获得更多的色彩信息，但是大部分的视觉是在大脑里产生的。即使有了第四种视锥细胞，视觉图像在大脑皮层里形成的过程和步骤应该也是一样的。Concetta的色彩辨别能力如此之强，也有可能是因为，作为一名画家，她接受了长期的训练，大大加强了她的辨色能力。由于已确认的有四色视觉的人太少了，得到长期训练的人更是稀有，所以现在还无法确定。这又回到了基因学里常讨论的一个老套话题：Nature VS Nurture

---

[1] Jordan, G., Deeb, S.S., Bosten, J.M., Mollon, J.D., 2010. The dimensionality of color vision in carriers of anomalous trichromacy. Journal of Vision 10, 12 - 12.

[2] 可以到她的个人网站上去看看她最近的作品: http://concettaantico.com/

[3] Jameson, K.A., Highnote, S.M., Wasserman, L.M., 2001. Richer color experience in observers with multiple photopigment opsin genes. Psychon Bull Rev 8, 244 - 261.

（先天VS后天）。

测试四色视觉比较复杂，大多数的测试还是基于普通三色视觉的，所以现在最靠谱的确诊方式是通过基因测试。虽然作为一名画家，她非常幸运地有了第四种视锥细胞，但遗憾的是，她的女儿并没有继承到第四种视锥细胞，而且还已经被确诊为色盲。

那到底有多少人有这种四色视觉呢？现在还不清楚。2015年上旬在职业社交网站LinkedIn（领英）上有人发帖说有25%的人有四色视觉，那完全是胡扯。整个帖子基本上每句话都有错，科学家看到肯定会醉。我们现在还不能简单地看些图片来测试四色视觉，所以如果看到网上说在图片里能看到超过多少种颜色就是四色视觉的，都是骗人的。

天生盲人的视觉皮层怎么办?

难易程度

我们已经知道，视觉皮层负责人的视觉认知。自从人诞生到这个世界上，视觉系统成熟之后，睁开眼所看到的任何信息，我们的视觉皮层都会逐渐学习。

那么，从出生就失去视觉的盲人的视觉皮层会怎么样呢?

答案是，会用来处理语言。

早在1997年，就有发现天生的盲人的视觉皮层在阅读盲文时会被激活[1]（相反地，拥有正常视觉的普通人在阅读盲文时，视觉皮层并不会被激活），而且在听词句的时候，视觉皮层也会激活。当使用经颅磁刺激（Transcranial Magnetic

[1] Cohen, L.G., Celnik, P., Pascual-Leone, A., Corwell, B., Faiz, L., Dambrosia, J., Honda, M., Sadato, N., Gerloff, C., Catala , M.D., Hallett, M., 1997. Functional relevance of cross-modal plasticity in blind humans. Nature 389, 180 - 183.

Stimulation，简称TMS）干扰视觉皮层时，盲人对语言的理解能力有明显的降低！

2015年7月，来自MIT的研究人员进一步地将这些研究在年幼的天生盲童身上得到了确认[1]。即使还没有学过盲文的4岁儿童，在听“能听懂的本国语言”“听不懂的外国语言”或“纯音乐”三种状态下，视觉皮层也都被激活了，且明显对于有语言意义的语句最为活跃。当然，除了这里关心的视觉皮层以外，相关的“正常状态下应该激活的区域”，如通常认为负责语言的大脑区域——外侧颞叶皮层（lateral temporal cortex）——也不出意外地在盲人大脑中被激活了。

这个结果给我们展示了大脑令人吃惊的可塑性：当一种大脑区域在长时间接收不到该有的训练时，就会成为其他功能的“殖民地”。可到底是什么决定了“语言”成为这片“土地”的新主人？“语言”和“视觉”之间，特别是在神经发育的过程中，又到底有怎样不为人知的关系？这就要等待进一步跨领域合作的新的研究来解答了。

[1] Bedny, M., Richardson, H., Saxe, R., 2015. “Visual” Cortex Responds to Spoken Language in Blind Children. J. Neurosci. 35, 11674 - 11681.

听觉：听不听得到，就这个旋律

什么是“鸡尾酒会效应”？

难易程度

想象一下，我们俩坐在咖啡厅里聊天，窗外哗啦啦地下着雨，隔壁桌的两位刚刚血拼归来的妹子在激动地讨论战利品，不远处咖啡师正在用蒸汽加热牛奶，头顶还放着不算太好听的纯音乐，突然某个人的手机响了，响起不自然的尖锐的铃声……

而在如此嘈杂的环境下，你还能够听清我的声音，不是因为我的声音比背景音大声，或是声音的性质完全不同，而是因为你的大脑将听觉注意力放在了我的声音上，并进行了过滤。在多种声音混杂的环境中，注意倾听某一种声音，在听觉神经科学上是非常重要的一个现象，叫作“鸡尾酒会效应”（Cocktail Party effect）。

为什么这个很重要？如果人类的听觉系统没有这个能力，我们就无法区分不同声音，更不可能听得懂语言和音乐了。

但是，即使它很重要，那又怎样呢？视觉不是也能够区分不同的物体吗？

这次，请想象你现在正站在一个平静的湖边，你的左右两边正好有两道小水渠，湖水流入水渠之中。微风吹起落花，在两道水渠中，一边掉落了一片花瓣，一切都很宁静，湖水静止，像是镜子，所以水渠中的花瓣也只是静静地浮在水面上。这时，不远处有人往湖中掷入石子，打破了湖面的宁静，一圈圈波纹散开来，也扩散到了水渠之中，花瓣随波时起时伏。这时，通过观察比较两边花瓣的起伏，可以了解到水波的大小和来的方向。

想想觉得不可能办到吧？但实际上，你的听觉就能做到：丢入湖中的石子等同于现实中制造声音的物体，水波正如声波，而你左右两边的水渠是你的耳朵耳道，水渠中的花瓣是你的耳膜，而你所站的位置、所做的观察和分析，就是你双耳之间的大脑时时刻刻都在做的声音分析。

这种机制不仅精确还非常迅速，最直接的例子就是语言。在与人交谈时，你不仅能够理解声音组合的意义（由一个小女孩所说的“苹果”和一个中年男子所说的“苹果”，声音实际上是完全不一样的，但你能够立马明白他们俩说的是一个东西，并联想到苹果的样子），而且在语速加快、背景嘈杂的情况下也能够理解得非常精准。

那为什么需要知道它是怎么工作的呢?

因为这个机制所完成的任务对现阶段人类创造的人工智能来说是一件很困难、复杂的任务，对人类听觉多一些了解，有可能就会对耳机的设计、虚拟现实、语音识别有进一步的帮助。譬如说iPhone的Siri，它现在很糟糕吧，背景稍微嘈杂一点，或是发音稍不标准，Siri就听不清楚你在讲什么。相比之下，人对声音的分析能力比它强太多了，如果Siri能学习一下人脑，说不定会有很大的进步，不，将会是飞跃。因为Siri现在压根就听不懂我们在说什么，它只是简单地把声音信号变成了字而已，然后再把准备好的答案告诉你。

啧啧，人工智能离真正的智能还有很长的路要走呢。所以说，双耳之间，正在发生令人惊叹的事情，正因如此，神经科学才如此令人着迷。

每天听音乐超过一小时，真的会导致听力减退吗？

难易程度

听觉，需要的不仅仅是耳朵，更重要的是大脑。因为对神经科学缺乏了解，大家一般想到听力，都觉得听不听得到，主要靠耳朵。稍微了解一点的人会说，导致听力减退的是脆弱的耳蜗（cochlea）。

耳朵只是听觉神经系统的第一阶段，外耳收集声音，中耳把声音转化为耳膜二维的前后振动，内耳的耳蜗将声音的机械运动转化为神经信号。左右两耳收集到不同的声音信号，沿着脑干分别送到右左两边的听觉皮层（位于颞叶，即大脑两侧），再通过这片大脑的不同区域的合作分工，一层层分析听到的声音的物理特征，包括频率、声强（注意，音量是个主观的心理量度，与声音的频率也是有关系的）等等。若是有意义的声音，然后还要把声音信号解析发送给语言和音乐中心，进行更加高级复杂的认知功能。

等等，什么是“听力减退”？

“听力减退”是个非常概括的描述。如果直接提问：每天听音乐一小时还是两小时，每过20分钟休息一下、音量正常、音乐并不过多使用高频声音、使用舒适的耳机或是用音箱的话，会不会对听力有什么特别的伤害？但你也看到了，我加了很多条件。

因为，即使是在美好的工业时代之前，没有工地噪音、没有天天听音乐，人的听觉也是随着年龄增长每一刻都在衰退。

其主要原因，就是耳蜗里的毛细胞（hair cell）逐渐死掉。下面我要解释一下背景耳蜗和其毛细胞的重要性。

在听觉的第一个阶段（耳朵中）耳蜗是最重要的。耳蜗是一个长得像蜗牛壳的内耳结构。

> 耳蜗是听觉转导器官，负责将来自中耳的声音信号转换为相应的神经电信号，交送脑的中枢听觉系统接受进一步处理，最终实现听觉知觉。
>
> ——维基百科

耳蜗有像花卷一样的结构，里面是一个连通的管道。而我们就是通过这个结构来感知声音中不同的频率的。没有耳蜗，耳朵就失效了。而这个像蜗牛的组织，有什么特别之处呢？

冷知识：人的耳蜗转了两圈半，小白鼠的则是半圈。

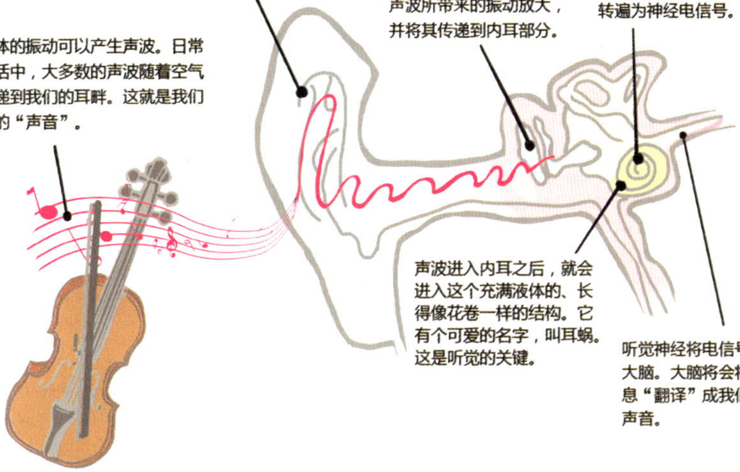

我们知道，人类能听到的声音频率范围很窄，只有20到20,000赫兹，而且这个算是正常人的极限，很多人就算很年轻的时候都只能听到15,000赫兹。实际上，人比较敏感的频率区间只有1000到4000。原因很简单，我们的听力是用来交流和发现危机的，与我们生活相关的自然声大多只在这个区间。

冷知识：声音也可以通过骨头传递到中耳，从而被听到。这就是“骨传导”（bonecouduction）。

耳蜗的墙壁上，密密麻麻地排着一种很特殊的细胞，叫毛细胞。你看它的样子就知道为什么叫这个名字了。

声音导致耳鼓振动时，会使得耳蜗内壁上的这些毛细胞的毛也“摇曳”起来。每根毛的头顶都有根类似于旧式灯的拉绳开关的线，这根线连接着旁边的毛侧面上的离子通道。每当这些毛左右摇曳时，短毛就会带动这个线，进而将旁边的长毛上的离子通道拉开。这时毛周围液体中的钙离子和钾离子便会从这个离子通道一拥而入，激活这些毛的所属毛细胞。

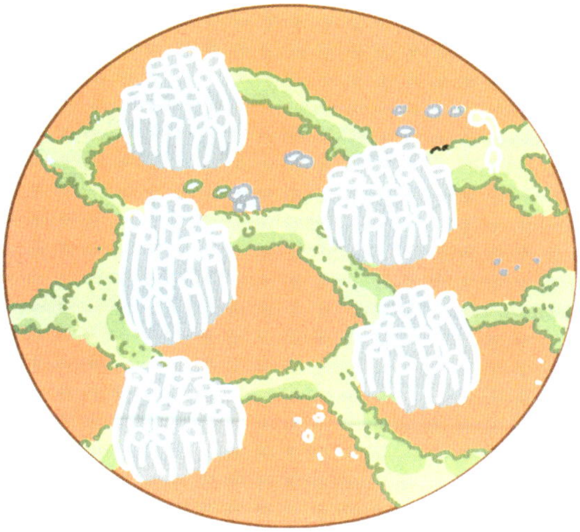

小鸡的内耳毛细胞。每个毛细胞（橘色部分）大概10微米宽，蓝色部分为“毛”。每一个毛细胞旁边有6个辅助它生存和工作的其他细胞（绿色部分）。请注意，这里的颜色并非细胞本身的颜色，仅是为了示意不同的细胞和细胞机构

耳蜗是将声音中的不同频率解码为神经信号的重要结构。把卷着的耳蜗拉直，位于耳蜗根部（就是更粗大的那一部分）的毛细胞负责高频率声音的转化，而另一头的毛细胞，就是本来裹在耳蜗中间的那个尖尖，负责低频率。从某种程度上来讲，负责最高频的毛细胞的数量是要少于负责中频率区间的。所以听力的衰退是从对高频声音变迟钝开始的。

现在你应该知道毛细胞有多么重要了吧？没有它们，或者它们的数量过量减少，我们的听力肯定会出大问题。要命的是，毛细胞是不能再生的。（至少在自然的状态下，人类耳朵的毛细胞是不能再生的。虽然我们在实验室中再生毛细胞的工作已经有很大的进展了，但到广泛的临床引用还有很长的一段路要走。）

冷知识：鸟的毛细胞在日常情况下也是可以再生的哦。

残酷的现实是，随着年龄增长，每一天，我们的毛细胞数量都在减少，当年龄过了35岁时，已经很明显地不能与青少年那样听到很多高频声音了。有个英国大叔非常讨厌社区里老是在他家门口玩耍的小孩，就制作了一个会不间断发出高频声音的音响，放在他家门口。因为他已经听不到了，所以对他无影响，但小孩靠近时，就会听到那些烦人的高频噪音，然后逃跑。

大多数年轻人，只要不是因为耳朵受到严重的物理损伤或患过精神疾病，不是一天到晚、一周七天、几十年如一日都在那种分贝很高的环境下生活工作，基本上我们不认为会有什么严重的听力问题。当然，某些特殊的职业可能难以避免，譬如说，专业录音师就比同龄人的听力要差一些。

当要做专门针对老年的听觉的实验时，年龄超过50岁的志愿者均需要提前做一系列听觉测试，让我们掌握其听觉能力的情况。实际上，像是研究正常人类听觉的，参加我的实验的志愿者不能超过35岁，过了35岁的听觉能力已经不在最好的状态了，衰退最明显的就是高频方面。

不过不要太担心，这都是自然和正常的。毛细胞就是这样的消耗品。手机使用都会有损坏，人类衰老更是无法避免的。但如果你过度地不正常使用毛细胞，譬如在过于吵闹的环境下生活，肯定会导致它更快速地消耗。

随着年龄增长，听力衰退极为正常。

但也不要因为年龄增长而过于难过，时间带来的不仅仅是衰老，还有日复一日而得到的宝贵经验。在第一章节中的“关于大脑的十大流言”中已经提到，虽然随着年龄的增长，有些大脑认知功能可能会因为一些疾病出现问题，但大多数的认知功能会随着年龄的增长而变得更加熟练。对于听力，年长者比年轻人的听觉注意力更加集中，换句话说，两者都能听到的范围之内，年长者因更熟练地控制注意力，听觉反而更加灵敏和准确。换言之，可能耳蜗没有年轻的时候灵敏了，有些区间的声音听不到了，但由于大脑处理声音的能力相较年轻时更强大，弥补了“硬件”的不足。

那从小学乐器的人听力会比常人衰弱吗？对于从小接受音乐训练的人，抱歉，你们的毛细胞肯定是比正常人衰弱得更快的，倒算不上损伤啦。但是！！！但是！！！你们的听觉皮层绝对比小时候没有接受过音乐训练的人更加优秀。绝对不要小看听觉皮层。你可以这么想，虽然我用的照相机不是特别好，但要是Photoshop技术不错，稍微调一下，照片说不定要比用更好更新的照相机的人拍的照片还要出彩。

有人在嘈杂的环境中听别人说话的能力更差，虽然耳朵是好的，这很有可能就是因为听觉注意力差于常人。而接受过长期专业音乐训练的人，听觉注意力一定是优于常人的，因为在学习乐谱以及弹奏乐器时，一定会不断集中注意力在声音上。同时，会音乐的人的听觉工作记忆（简单来说就是短时间记住一些节奏、声音的特征等等）也会明显比普通人好很多。

长期听音量过大的激烈的音乐，肯定会对耳蜗里的毛细胞造成不可逆转的消耗。但是，只要正常听音乐、上课、与人交流，正常人过了20岁，毛细胞就会很自然地减少，然后35岁会开始明显逐渐听不见高频的声音。

衰老对于听力来说，是很明显的，也极为正常。但是一般来说，要到50岁以后才会逐渐发觉，因为平时交流和欣赏音乐并不需要那么高频的听觉能力。

但是，我的意思并不是说，请每天两三小时不间断地去听死亡金属吧！

大家都知道要“卫生用眼”，其实“卫生用耳”也是极为重要的。因为老花眼，戴眼镜就好了，耳朵老化了，医生也很难帮助你。你想早早地戴助听器，甚至做手术装昂贵的人工耳蜗吗？

虽然助听器的发展已经很迅速，价格也越来越能够让人接受，但还是很不便宜（悄悄话：助听器在欧洲是暴利产业），而且戴着也很显眼。

现在大家觉得戴眼镜是很正常的，实际上这个概念就不正常。人的感知器官都非常脆弱，返厂重修的总是不如原装的好。不能因为医学和科技的发展，而放纵自己或自己的小孩哦。

听莫扎特的音乐，小孩更聪明？

难易程度

> 要想考得好，音乐要趁早，7岁分水岭，学了错不了。
>
> ——赵思家

有一个非常有名的理论叫“莫扎特效应”，指的是如果胎儿或幼儿常听莫扎特的曲子，就会变得更聪明。这个理论提出之后，1998年美国乔治亚州州长Zell Miller（泽尔·米勒）甚至提议，每年财政预算划拨105,000美元给每一个在乔治亚州出生的小孩提供免费的莫扎特磁带或者CD。当然，1993年原本的那篇论文[1]，并没有说莫扎特会让小孩变得更聪明，而是说音乐能够使人的精神意象（mental

[1] Bedny, M., Richardson, H., Saxe, R., 2015. “Visual” Cortex Responds to Spoken Language in Blind Children. J. Neurosci. 35, 11674 – 11681.

image）和时间排序的能力变得更好。

精神意象是指长期记忆中具备的感知信息。譬如说对我来说最特别的视觉意象是很小很小的时候，有一年秋天外婆和妈妈带我去人民公园，我现在都还记得外婆牵着我的手，因为还很矮，我的手举得高高的。画面的中央是妈妈拿着小铲子和小口袋走在前面捡桂花，路的两边种满了桂花树，风一吹，金黄色的桂花跟下雨似的落在地上，铺得满地都是。可能因为是极其美丽的画面，那个年龄的其他东西我一丁点都不记得了，但就这个画面记忆如新。

还有一种精神意象，譬如说你某日傍晚回家路上经过小广场，第一次听了一遍《小苹果》，过了一个月，你坐在令人紧张的英语听力考场中，脑中回荡着“你是我的小呀小苹果/怎么爱你都不嫌多……点亮我生命的火/火火火火火/你是我的小呀小苹果……”。

咱们回到1993年的那篇原论文来，精神意象和时间排序的能力增强后，在某个IQ测试中的空间推理部分得分就会变高。但现在的IQ测试只能反映一小部分的大脑能力，而且谈不上精确。所以不能片面地说，一个IQ测试中的某一个部分得分增高，智商就增高了。但当时一传十，十传百，到大众嘴边时，已经快变成“多听莫扎特，智商爆双百”。一时间，洛阳纸贵，莫扎特碟片稀。

虽然后来一系列的研究并没有发现听莫扎特或者听其他古典音乐，会对人的认知能力有什么长期帮助（至少现在的研究还没有发现）。但是，与此同时，科学家也发现，在儿时经过系统并长期的音乐训练，会在某些方面，帮助小孩发展认知能力。

音乐训练帮助认知发展。2005年的一个实验发现，小时候参加正统的音乐训练会让孩子对音乐的情感加强，换句话说，更能理解音乐所传递的情绪和情感，虽然是个很小的大脑变化，但是是长期的。

数个实验发现，若儿时至少会一种以上的乐器，通过专业训练所得到的一些认知优势会持续存在到成人时期。有帮助的认知功能包括推理、在多重任务之间相互切换、工作记忆、计划能力和解决问题的能力[1]。而且，通过统计显示（当然这个很有地域性），长时间学习乐器的小孩，会在学校里在语言（特别是学新语言）和数学上表现更优秀[2]。

这些发现实际上也并不令人惊讶，毕竟练乐器会锻炼小孩的动态感知信号（视觉和听觉）以及运动信号（手指、手腕、手臂，有些乐器还需要嘴唇的精确控制，如笛子、箫），这些高级认知能力的长期、强化训练必然会对学习和记忆带来好的影响。

通过比较很早就开始学乐器的音乐家和稍晚才开始学习音乐的音乐家的大脑成像发现[3]，早学乐器的人胼胝体（corpus callosum，即左右脑之间相连的部分）的白质含量明显更多，而胼胝体是人类大脑中最大的白质带。白质的区域相当于汇聚大脑中的“电线”的部分，起着帮助位于大脑区域的神经细胞相互沟通、共同合作的作用。片面一点说，白质更多，大脑不同区域的连接就更多，沟通更有效，高级的感知认知功能就会更好（做需要多种感知的高难度工作，如听写英语单词）。这个研究的结论是，7岁，是一个音乐学习的分水岭。儿童学习音乐对认知能力影响的最重要的时期为7岁之前。

---

[1] Trainor, L., Shahin, A., Roberts, L., 2009. Understanding the Benefits of Musical Training. Annals of the New York Academy of Sciences 1169, 133 – 142.

[2] Hille, K., Gust, K., Bitz, U., Kammer, T., 2011. Associations between music education, intelligence, and spelling ability in elementary school. Adv Cogn Psychol 7, 1 – 6.

[3] Steele, C., Bailey, J., Zatorre, R., Penhune, V., 2013. Early Musical Training and White-Matter Plasticity in the Corpus Callosum: Evidence for a Sensitive Period. Journal of Neuroscience 33, 1282 – 1290.

胼胝体——最伟大的协调者。胼胝体是连接大脑左右两个半球的重要部分。两个半球之间的沟通大多都得通过胼胝体。譬如，有研究发现音乐家的胼胝体前部要比普通人大一些

哇，这个结论是不是很有实用价值？有小孩的，或者在考虑要小孩的，这个是此文的高潮哦！7岁！7岁！有小孩的，别拖拖拉拉，7岁前务必要学啊（我怎么听起来像是个卖碟片的）。我是3岁开始弹钢琴，小学毕业前就结束了短暂但极其辛苦的音乐学习生涯。不过，我自认为虽然现在不会弹了，对音乐没什么天赋，智商也不高，但在做各种各样的听觉感知任务，做得都还不错。

音乐，让人变得更聪明？从一定程度上来说，这句话是对的，而且对大脑发

育的好的影响肯定比我们现在所知的更多。至少能让聪明人更聪明。但也有很多局限性，譬如说，必须要系统专业的长期音乐训练，而且也要在年岁很小的时候就开始坚持训练。对神经科学来说，这个命题实在很难，因为长期的人类实验是非常难以控制和精确测量的。不过，管他是聪明了一分还是两分，有好处，为什么不让小孩去学？

我想，这点对家长来说务必需要考虑，同时也希望制定教育政策以及分配教育资源的人或者是以后有这样权力的人，也要更加重视艺术在儿童教育中的比例和地位。

为什么下雨天里的睡眠质量特别好?

难易程度 

我非常非常喜欢下雨天。因为我觉得落雨的声音极其令人心情平和，而且每逢雨夜，我的睡眠质量都特别好。这可能有很多种原因，但作为专门研究听觉神经科学的博士生，我有一番自己的解释。

视觉有眼睑作为开关，但听觉是没有开关的（除非用耳塞死死堵住）。听觉系统像是一个全年无休的安保警报系统，即使你在睡觉时它也一直监控着身边的环境。这毫无疑问对人类的生存有着绝对的优势，使得我们即使在睡觉这种无意识状态下，还能够警觉地发现危险，并及时地采取行动。

但这也有些坏处。譬如说你因为室友的打鼾声而无法入眠，好不容易入睡后，又被隔壁小孩的吵闹声吵醒。但实际上，并不是噪音本身把你吵醒了，而是突然间的变化或反差吸引到了你的注意力，让大脑下意识地警醒。

什么叫突然间的变化呢？打个比方，在一间漆黑无光和一间有些光的房间里，你突然打开手电筒，在哪个房间里手电筒的光线才更明显呢？当然是在漆黑无光的房间里。如果房间里本来就有光，那些原有的光好似“遮蔽”了来自手电筒发出的新的光线。这被称为遮蔽效应（masking effect）。相同的道理，把光换成声音，相比一间长时间有杂音的房间，在一个寂静无声的房间里，突然响起来的手机铃声会更加引人注意，即使手机铃声本身是一样的。

自然界的声音自然而然会使人感到放松。这大概是因为自然界的声音往往有一定的重复性，而大脑对于重复性的信息，很快就会适应，所以即使雨声本身是多余的噪音，也能让你伴着它声睡着。

而类似于噪音的雨声就是给熟睡的你制造了一个遮蔽效应，使得一些原本在寂静的夜晚会影响到睡眠的外界声音变化被遮蔽了。换言之，雨声减少了卧室里的信噪比（SIGNAL-NOISE RATIO，简称SNR或S/N。指一个电子设备或者电子系统中信号与噪声的比例），达到了一定的噪音消除作用。

利用这类原理，有人还专门在办公区域制造一些类似于雨声的白噪音、粉色噪音，用来隔绝声音，起着一定的隐私保护和减少干扰的作用。

在独自工作时，我就不太喜欢完全寂静的环境，所以我会放一些混合着壁炉烧着木头噼啪作响，或是有些低语声的背景音。如果你也喜欢这样，强烈推荐一个背景声合成网站：Ambient Mixer（www.ambient-mixer.com）。在夏天，我最喜欢用模拟斯莱特林公共休息室的背景声，因为它是一间位于霍格沃兹城堡的湖底的半透明房间，所以偶尔会听到水的声音。而在看书的时候，我更喜欢用声音模拟拉文克劳公共休息室，因为位于城堡的高处，风声飒飒，吹起拱形窗户旁挂着的蓝色丝绸窗帘，又因为房间是圆形的，人踩在木地板上的声音产生的回响又有些不同……

“咔嚓”声让脆皮冰激凌变得更好吃?

难易程度

我一直认为，声音是被忽视的味道。通过声音，你可以了解很多食物的质感——如薯片一般薄脆、如炸花生米那般的“嘎嘣脆”，或是咬开小笼包的薄皮时，自己发出吸汤汁的“咻咻”声音。

特别是对于中国人，可能是因为食物的“色香味”实在是做得太好，实在显得太霸道了，吃饭时发出声音也是不雅，所以对美食所产生的声音更是忽视。这一点从语言就能看出来，中文中形容薯片，叫脆；形容花生米，叫脆；形容吃新鲜生菜，也叫脆。而在英语里，下意识就会用“crispy”“crackly”和“crunchy”分别形容这三种食感。

“脆”这个食感，在文明开始之前，对于人类生存异常重要，因为它代表着水果、蔬菜的新鲜程度。在医疗还算发达的今天，因着处理食物的不同方法，脆已经不仅仅存在于新鲜蔬果，也可以存在于炸得香喷喷的鸡皮、新鲜的油条等等。

想象吃下一口薯片，要完全不发声音地吃掉它们，这是个不可能完成的任务。当然你要是一直含着，用口水把它们弄软，我也无话可说。但实际上，“脆”的这个食感，很大程度上靠听。

这个很好测试。给蒙着眼的受试者喂薯片，完全隔音的耳机里播放不同脆度的薯片咀嚼的声音，然后给这片薯片的脆度打分。吃同样一片薯片，如果听着软乎乎的声音，与听着“咔嗒咔嗒”薄脆的声音相比，后者会明显感觉更脆一些。

在不事先告知的情况下，所有的受试者以为吃到的薯片是来自不同牌子的[1]。不仅这样，仅通过调节你听到自己吃薯片所发出声响的音量，就让你明显感觉到不同。把薯片换成苹果也有类似的结果[2]。

我从牛津大学的著名认知神经科学家Charles Spence（查理·斯彭斯）教授那里听到过一个令人印象深刻的例子。几年前，联合利华仔细询问了一些忠实的消费者关于梦龙冰淇淋的意见。很多反馈说当咬这种有着巧克力脆皮的冰激凌时，会有巧克力皮掉在地上或是落在衣服上，非常令人困扰。于是梦龙的食品开发团队便通过调节配方，使得巧克力皮能更好地黏在里面的冰激凌上。当这个改良新产品上市后，销量不增反降。开发团队百思不得其解，不是解决了消费者最大的困扰吗？难道那些提供反馈信息的是组团来砸场子的？当然不是，故事到此也强调了主观意见的局限性。

---

[1] Zampini, M., Spence, C., 2004. The Role of Auditory Cues in Modulating the Perceived Crispness and Staleness of Potato Chips. Journal of Sensory Studies 19, 347 - 363.

[2] Dematt è , M.L., Pojer, N., Endrizzi, I., Corollaro, M.L., Betta, E., Aprea, E., Charles, M., Biasioli, F., Zampini, M., Gasperi, F., 2014. Effects of the sound of the bite on apple perceived crispness and hardness. Food Quality and Preference 38, 58 - 64.

通过更加全方位的客观分析，梦龙团队发现，原来是因为调整了脆皮和冰激凌之间的黏度，之前那非常醒目的巧克力脆皮裂开发出的“咔嚓”声消失了。这个“咔嚓”声是梦龙冰淇淋的标志性特征，增强了对巧克力脆皮的感觉，即使消费者本身并没有注意到这一点，也没有告诉市场研究人员。如此，梦龙把配方调整回去，以确保这“咔嚓”声清脆响亮。

梦龙冰淇淋现在每年在全球卖二十亿根。2014年在全世界各地宣传它的创立25周年，虽然每个国家都会有风味不同的甜美风广告，但无论是哪个国家，广告中不断强调的那巧克力脆皮咬裂时的“咔嚓”声（明明是那么简单一个裂开的声音），让我这个不喜欢吃冷也不喜欢吃甜的人，偶尔也有一些去买一根试试的冲动。这就是为什么零食制造巨头们，已经开始通过认知神经科学来严谨地测试食物带来的各种感官体验。

嗅觉：别动，这是什么味道？

凭什么狗鼻子那么灵？人类的嗅觉是退化了吗？

难易程度

吃货，是顺应人类进化的新一代。

从进化角度来讲，嗅觉是最古老，在自然界存活最要紧的一个感觉。

嗅觉最原始、基本的作用是闻到食物或者感受到周围环境的状况，甚至是危险的靠近。为了不饿肚子，闻到喜欢的味道便可以找到更多更好的食物果腹；为了避开危险，任何有危险信号的气味，都会激起不愉快的感知，让我们“不喜欢”。譬如说腐败的味道，让你觉得不想吃。因为进化的结果是，不喜欢吃有腐败味道的动物，或者说能分辨什么能吃什么不能吃的动物，才能减少得病的概率，才有更多生存的可能。

随着人类进化和人类生存环境的变化，嗅觉的作用貌似在逐渐减弱。这么说似乎有些道理。

首先，要先理解嗅觉的两个路径：

1. 鼻前嗅觉（orthonasal route）：鼻孔直接吸入。

2. 鼻后嗅觉（retronasal route）：在进食时，口腔内的食物味道反向进入鼻腔里。

注意，常说的食物的味道，不仅仅是味觉，也有通过鼻后嗅觉这个路径而感受到的食物气味。所以，我们吃饭时尝到的味道=味觉+口腔到鼻腔的气味，而非一个单一的感知。

冷知识：吃饭时尝到的味道 = 舌上的味觉感知 + 口腔到鼻腔的气味嗅觉

说到鼻后嗅觉，我突然想到了冰镇葡萄酒。冰镇后的葡萄酒，气味会淡很多，但实际上只是鼻前嗅觉所闻到的变淡了，但喝到嘴里时，口腔温度会让液体升温，进而让香气散发出来，从口腔后方进入鼻腔（鼻后嗅觉），反而会加强香气的感受。

先来看看嗅觉最牛×的常见动物——狗狗。它的鼻子构造就是最大化的强化第一个路径的嗅觉功能的。

· 鼻孔很大：有更多含有气味分子的空气能进入鼻腔。

· 鼻孔很靠前，比嘴还要往前凸：能够更近距离地接触发出气味的物体。

· 鼻腔又窄而且是横向的：这样的鼻腔让吸气时空气流动更快速，并更直接更全面地接触鼻腔尾部的感受器。

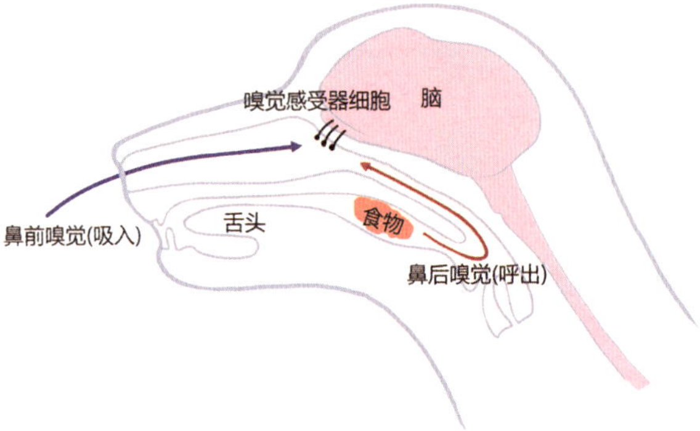

狗的两个嗅觉路径

咱们再来看看今天的人类鼻子构造（下图），非常明显地更适合第二种嗅觉路径。也就是说，对品味食物更加精确了。

· 鼻孔相对较小：因为不需要吸入那么多气味。

· 鼻孔斜着朝着嘴前，也没有很突出，像是藏在了鼻尖之后：相对于吸入更多环境中的气味，主要用于吸近处食物的味道。

· 鼻腔非常高，更纵向：这样让吃饭时食物到鼻腔的气味路径更长，更容易从口腔吸进鼻腔内，到达感受器。

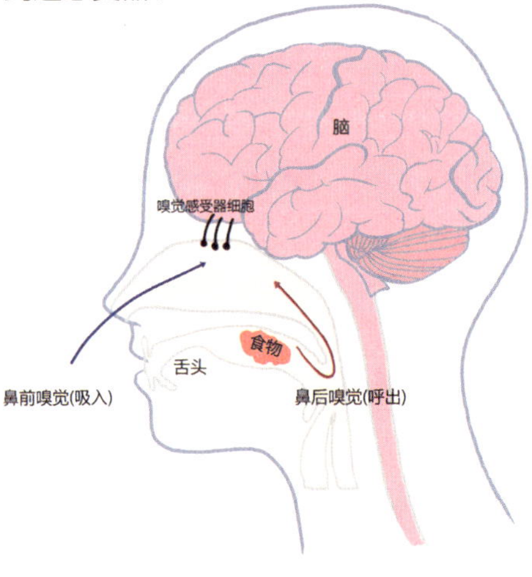

人的两个嗅觉路径

猿人和咱们脸部最大不同在哪里？不准说毛多！配合一点，请说“鼻子塌”。鼻子又塌，鼻孔又大。所以，人类嗅觉没有退化，准确地讲，在进化的过程中，嗅觉用于生存的作用（即鼻前嗅觉）减弱了，而用来配合味觉感受更多美食的高级技能（即鼻后嗅觉）被强化了。

所以——锵锵锵锵——吃货，是顺应人类进化的新一代！

嗅觉是怎么工作的呢?

难易程度

简单地来讲，嗅觉的基本机制为锁—钥匙机制（lock-key mechanism）。不同的味道是由空气中的各种气味分子（odorant molecule）按照不同浓度而组成的。鼻子内壁有很多很多的化学感受器（receptor，可以想象成一个锁）。这些感受器连接着不同的细胞，进而连接着大脑里嗅觉皮层内的不同神经细胞。不同的神经细胞被唤醒，代表着对应的气味分子被闻到了。

锁对应的是在鼻腔里的嗅觉感受器，气味分子就是打开这些锁的钥匙。但要注意的是，感受器和气味分子之间并不是一一对应的，而是集群相应：一种气味分子可以激活多个感受器，某个感受器也可能对多种相似的气味分子产生反应。这样的神经机制有多种优势，譬如它比其他的神经编码机制反应更加迅速，而且还能增加所展现的组合。

大家对嗅觉有个广泛的误解："嗅觉并不重要。"实际上除了前面提到嗅觉在享受美食、择偶过程中有重要的作用以外，丧失嗅觉往往是一些严重的精神疾病的前兆（如帕金森病、阿尔茨海默病、脑肿瘤、癫痫、营养不良和内分泌失调）。

彷徨的榴梿：为什么有人觉得臭，有人觉得香？

难易程度

同一种气味，每个人闻起来都是不一样的[1]。每个人有400个基因专门负责不同的嗅觉感受器，而根据人类基因组计划，这些基因又有超过90万种不同的变化。美国杜克大学的Hiroaki Matsunami（博明松南）实验室通过对比不同人的基因，发现任何两个人鼻内大约30%的嗅觉感受器都是不同的。感受器不同，也就是说感知是不同的。

而且，对气味的敏感度也是因人而异。不仅如此，人类嗅觉的辨别能力并非与生俱来，是通过发育逐渐获得的。不过也有实验发现刚出生的婴儿会对母乳的

[1] Frumin, I., Sobel, N., Gilad, Y., 2014. Does a unique olfactory genome imply a unique olfactory world? Nat Neurosci 17, 6 – 8.

味道非常敏感，仅仅靠嗅觉就能找到母亲的乳头。但婴儿对母乳明显的敏感性并不广泛存在于其他味道，而且嗅觉也是五觉中最受年龄影响的感知：3岁之后对气味的喜欢或厌恶与成人类似；9岁后就能具备辨别气味的能力，但针对一些特殊的气味，如藿香，9岁儿童还是不如青春期后的人灵敏。

什么是“喜好（preference）”呢？心理学中，喜好是指个人对一组物体在做决定时表现出的态度，或说，个人决定喜欢物件与否的判断。从这个定义中不难看出两个关键词，“个人”和“决定”。所以，这一定与个体差异和决策有关系。从个体差异上来讲，之前提到了，每个人30%的嗅觉感受器都是不同的。那么相同气味，不同人闻着是不一样的。另一方面，大脑的决策系统肯定在嗅觉喜好上有决定性的影响。有数个大脑区域与此相关，见下图。

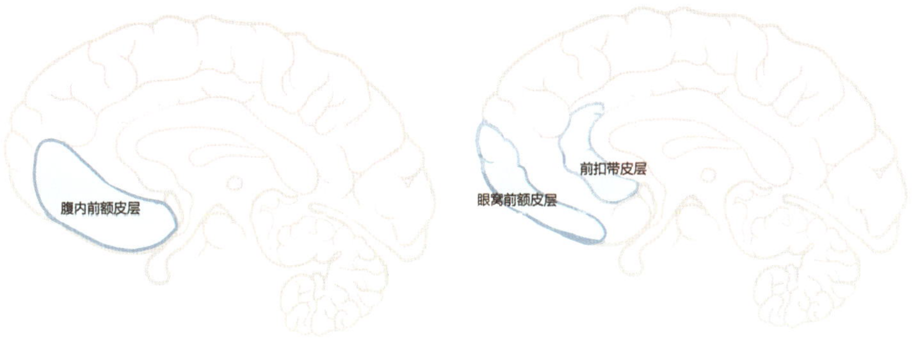

与决策相关的三个主要大脑区域：前扣带皮层（anterior cingulate cortex，常缩写为 ACC）、眼窝前额皮层（或称眶额皮层，orbitofrontal cortex）以及腹内侧前额皮层（ventromedial prefrontal cortex）。左右两图都是展现的大脑横切面示意图，本示意图即是顺着大脑的两个半球之间缝隙切开后，看右半脑的内侧

所以这两点同时影响了我们对同一种气味的不同评价。这在我们寻找配偶时，也是有明显的影响。

味觉：
舌尖上的神经科学

老师教你的舌头味觉地图是错的！

难易程度

民以食为天。

虽然因食材和烹饪方式的不同搭配，我们能够尝到的味道实在是千变万化，但总的来说，都能够归纳成五种最基本的味道：酸、甜、苦、咸和鲜（Umami）。Umami是发现它的日本化学家池田菊苗根据日语“美味的”umai（うまい）和 mi（味）的结合创造的新词。味精（MSG）是这个味道的最佳代表，但实际上酱油和番茄中也富含umami的成分。我认为这就是为什么欧洲吃货之国意大利，那么喜欢给食物里加点番茄。原来有着酱油的作用啊！（歪理）

说到味觉，最广为人知的心理学研究大概就是“舌头味觉地图”了。这个理论说，舌头上有特定的区域专门负责特定的一种味觉：舌尖对甜最敏感，舌根对应苦味，舌头两侧靠前一点是咸味，靠后则是酸味。

舌头上的味觉地图。最广为传播的味觉地图（上）实际上也只是一个误传。其实舌头上对每个味觉最为灵敏的区域都差不多，主要集中在舌尖

可惜的是，这个理论是错的。这个流言最开始来自一个世纪以前一名德国科学家做的一个小实验[1]，其发现舌头边缘对不同味道的灵敏度有些差异。考虑到当时的实验环境，他的研究本身没有太大的问题。但问题是，40年后，一位哈佛的心理学教授Edwin Boring（爱德温·波林）首次在一本书中翻译了这篇论文，却下了武断的结论：每种味道在舌头上都有专属的区域。导致之后以他的书为教科书的人都对味觉产生了误解。

在1974年，美国匹兹堡大学的心理学家[2]尝试用更精确的方法来重新复制这

[1] Hänig, D.P., 1901. Zur Psychophysik des Geschmackssinnes. Engelmann.

[2] Collings, V.B., 1974. Human taste response as a function of locus of stimulation on the tongue and soft palate. Perception & Psychophysics 16, 169 – 174.

个百年以前的实验。科学家用了不同浓度的蔗糖（甜味）、氯化钠（咸味）、柠檬酸（酸味）、尿素和奎宁[1]（均为苦味）来看人分辨出不同味道的最低浓度是多少。结果发现不同区域的敏感度有些不同。不过，最近也有实验发现这个结果也可能站不住脚[2]。不过，可以确定的是，即使不同区域有些不同，这个区别也极其微小，且涉及的舌头区域也相互重叠，更没有如流言中“舌尖负责甜，舌根负责苦”这样的“地图”。

的确，舌尖是对味道相对敏感的区域，因为越靠近舌尖，味蕾数量越多。没人的时候，你可以照镜子把自己的舌头伸出来好好观察一下，舌头的表面是不平滑的，上面有很多小包包，在舌尖的小包包要小一些，越往根部越大。这些小包包并不是味蕾哦！味蕾在这些小包包的表面，每个小包包有一到几百个味蕾。在人的舌头这么小的区域上就大约有2000到5000个味蕾[3]。但是，不同味觉并不是在舌头的不同位置上被感受到的，实际上，所有的味蕾都可以识别所有的味道，每个味蕾都是全面发展的优秀“人才”。

看到这里，你可能还是有些不信，甚至自己去找不同味道的食物来做实验，最后还是觉得“舌尖更甜，舌根更苦”。这也是可以理解的，味觉是个非常主观的感知，且不说每个人的舌头和大脑都有很多区别，在你对本文保持质疑，想证明本文是一派胡言时，你的感知或多或少都被蒙上主观的想法。

---

[1] 一种用来治疗和预防疟疾的药物。

[2] Sato, K., Endo, S., Tomita, H., 2002. Sensitivity of three loci on the tongue and soft palate to four basic tastes in smokers and non-smokers. Acta Otolaryngol Suppl 74 - 82.

[3] 此数据参见最新版的经典教科书：Bear, M.F., Connors, B.W., Paradiso, M.A., 2015. Neuroscience: Exploring the Brain. Lippincott Williams & Wilkins.

味觉是怎么产生的呢?

难易程度 

这要先看到底是什么化学物质引起了不同的味觉。大多数的酸（acids，譬如盐酸HCl）尝起来是酸的，大多数的盐（salt，譬如食盐的主要成分氯化钠NaCl）尝起来是咸的。甜的东西有不少，譬如从简单的糖（sngar，譬如蜂蜜、水果里的果糖fructose）到各种各样的蛋白质（proteins，譬如新型蛋白质甜味剂，甜蛋白monellin，其甜度是蔗糖的4000倍，且热量低）。而苦味则是一些单离子（如K^+，所以氯化钾KCl尝起来往往又苦又咸）或是一些有机分子，譬如咖啡因、奎宁。相比其他的味道，人对会带来苦味的化学物质特别敏感。非常明显，这是一个生存优势，因为很多有毒的物质是苦的。而鲜味则是由构成蛋白质的基本单位——氨基酸（amino acid）——引起的。

而直接负责“接待”这些化学物质，并将这些化学物质所带来的信息，变成大脑能听懂的语言的“工作人员”是味受体细胞（taste-receptor cells）。每个味蕾里包含50到150个这样的味受体细胞。

这些味受体细胞上又有很多很多接收不同信号的感受器。你可以姑且把它们想成不同类型的门，不同的化学物质可以打开各自对应的门，进而激活细胞，发生一连串的变化。

因为对应咸味和酸味的化学物质溶于水中时，往往是以正负离子形态存在的，所以这两种味道是通过一种识别细胞两侧的溶液浓度的离子通道来识别的。而甜味、苦味和咸味的情况更为复杂，一般相对应的化学物质不能直接进入这些细胞，但是它们可以通过触碰一种叫“G蛋白偶联受体”的蛋白质来告知味受体细胞这些化学物质的存在。

但到此故事才刚刚开始。舌头只是负责检测化学物质的，只有大脑才能给这些化学物质赋予真正的意义。

当这些位于舌头上的细胞将化学物质所带来的信息，转换成了大脑能读懂的信号后，这些信号便会沿着三条脑神经[1]（第7、第9和第10对）上传到脑干里的延髓（medulla），然后沿着脑干直达大脑正中央位置——丘脑，最后才从中央往外，将信号发送到大脑两侧处理味觉信号的味觉皮层（primary gustatory cortex）。从大脑的侧面来看，它正好位于大脑的中央位置。

---

[1] 脑神经有12对。1.嗅神经，2.视神经，3.动眼神经，4.滑车神经，5.三叉神经，6.外展神经，7.面神经，8.听神经，9.舌咽神经，10.迷走神经，11.副神经，12.舌下神经。——编者注

不同颜色的杯子会影响咖啡的味道?

难易程度 

不知读者中有没有杯子发烧友? 反正我是。喝不同的饮料，我一定要用专门的杯子。如果不给我正确的杯子，我老是觉得味道没对。

2014年11月，来自专门讲食物相关的生理学杂志《味道》（*Flavour*）上的文章《马克杯的颜色会影响咖啡的味道吗？》[1]，这真是非常有趣的研究。实验的灵感来自论文作者Van Doorn（凡·多伦）常去的咖啡厅里的咖啡师。有一天，咖啡师说，一样的咖啡，在白色的陶瓷马克杯里喝会比放在一个透明的玻璃杯里尝起来更苦。在澳大利亚，这两种马克杯在咖啡厅和餐厅里算是最常见的。科学家嘛，你懂

---

[1] Van Doorn, G.H., Wuillemin, D., Spence, C., 2014. Does the colour of the mug influence the taste of the coffee? Flavour 3, 10.

的，听到这种有趣的“流言”，最喜欢的就是去检验它是不是真的。

以前也有不少针对颜色和味道的相关性研究，但没有专门针对杯子颜色以及它背后机理的。来自牛津大学的科学家们就曾发现，粉红色的草莓慕斯放在白色盘子上会比放在黑色盘子上甜10%、风味好15%[1]。虽然不清楚这个数据是怎么得来的、有多靠谱，但以个人来讲，的确，草莓蛋糕、草莓慕斯，就是要放在白色盘子上才好。可是，为什么会这样呢?

冷知识：科学家发现，用白色盘子装草莓慕斯蛋糕，会让蛋糕味道更好。

Van Doorn认为这很有可能和颜色的对比度有关系。棕色会令人联想起苦味，或者说，给人相反于甜味的感觉。当咖啡放在白色的杯子里时，色差会让人觉得棕色更棕了。也就是说，颜色的联想影响了味觉。那么，用天蓝色杯子装上棕色醇香加了牛奶的咖啡，会让人感觉咖啡的味道更浓。因为天蓝色是棕色的互补色[2]。

但荷兰社会心理学家Ap Dijksterhuis（雅普·狄克斯特霍伊斯）提出了一个很好的点，因为广告和非专业人士的词语误用，在喝咖啡时，饮用者会将咖啡的“浓度”和“苦”混淆，或是在描述时引起程度上的混淆。在Van Doorn的这个研究中，

---

[1] Spence, C., Harrar, V., Piqueras-Fiszman, B., 2012. Assessing the impact of the tableware and other contextual variables on multisensory flavour perception. Flavour 1, 7.

[2] 某一种颜色与它的互补色混合后会呈现特定的效果。主要的四种互补色有：黑&白、红&青、绿&桃红、蓝&黄。在美术中，蓝色的互补色是橙色，紫色的互补色是黄色，绿色对红色。互补色混合会变成灰色。

他们也发现了苦味和浓度有非常相似的趋势，也就是说，很有可能不少饮用者并不能将浓度和苦度区分开来。

这个小小的研究，提醒了咖啡店老板们，要仔细选择咖啡杯的颜色。小小的区别，可能就会影响下一个顾客会不会成为你家的回头客。

之前我自己也做过类似的小实验，我带了一些自制的粉红色小饼干到实验室，同事们吃了之后以为是草莓或者是樱桃味的。其实我只是在普通的牛油小饼干里放了些红色的食用色素罢了。实际上，更换食物本身的颜色，和更换食物周围的颜色（更换容器）都是一个道理。

虽然不是个啥了不得的研究，但这样的小实验真是有趣。神经科学和心理学最吸引人的不就是生活中这些有趣的细节吗？

今天想喝苦点的咖啡？试试换个不同颜色的杯子吧！

触觉：
来试试触摸的新姿势

来一口花椒，体验50赫兹的震颤感？

难易程度

花椒所带来的“麻”的感觉，是一种触觉，等同于50赫兹的震颤。

精准地来说，是由花椒所含有的羟基甲位山椒醇（hydroxy-alpha-sanshool，sansho就是山椒，日语里的花椒）[1]激活了皮肤下的神经纤维 RA1，而RA1纤维正好负责中等区间的振动频率（10～80赫兹），包括50赫兹[2]。

当时找了28个被试者，让他们在下唇上涂抹一些花椒的提取物，然后一根手指放在一个可以产生特定频率震颤的小仪器上（见下图），让被试者自己去感知两者的震颤是否频率相同。

---

[1] Lennertz RC, Tsunozaki M, Bautista DM, Stucky CL. 2010 Physiological basis of tingling paresthesia evoked by hydroxy-a-sanshool. J. Neurosci. 30, 4353 – 4361.

[2] Hagura, N., Barber, H., Haggard, P., 2013. Food vibrations: Asian spice sets lips trembling. Proc Biol Sci 280.

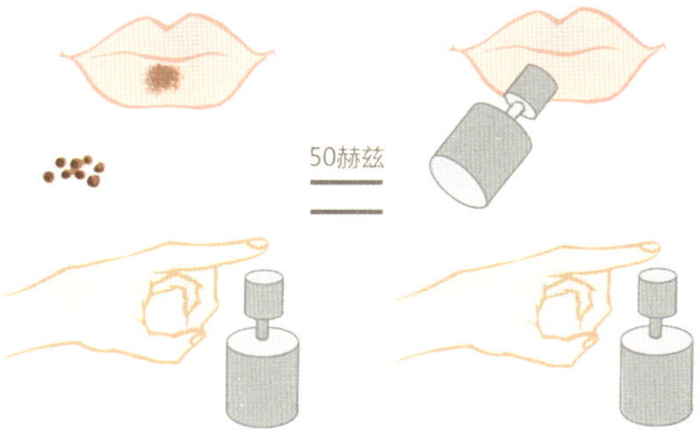

在测试花椒所带来的震颤感的实验中，被试者被要求在嘴唇上涂一些花椒的提取物，然后将一根手指放在一个振动器上感知不同频率的振动，并报告嘴唇上和手指上所感知的振动频率是不是一样的。被试者也会被要求将振动器放在嘴唇上，然后感知它的振动频率。实验发现，花椒的振动频率为50赫兹。本图系根据自羽仓信宏（Hagura Nobuhiro）的原论文（Hagura, Barber, Haggard 2013）中的实验设计示意图重新绘制

非常巧的是，我也是最近才发现做这个实验的羽仓信宏博士，恰好和给我提供奖学金的日本公司也有合作，所以2016年年初，在日本开会时恰好见到过他。他看起来特别年轻，不说我还以为他是博士生。而这个研究当年也是在我所在的学校伦敦大学学院（UCL）做的，当时他在UCL当触觉大神 Patrick Haggard（帕特里克·哈格德）教授的博士后。

当时听到他的这个实验的时候，我跟他说，实在惭愧，我在四川长大，算是吃花椒长大的，但我从来没有想过这个问题。

虽然在设计这样的实验时，起初估计只是对花椒好奇，但这个研究成果并不仅仅是为了满足饕餮食客们的好奇心。有一些深受神经性疼痛困扰的患者，有时也会有“刺痛”的现象，这有可能和RA1有关，所以从不同方面来了解它的机理是很有必要的。

当然对我来说，主要还是因为花椒是个很重要的调味品嘛。下次吃到花椒的时候，记得体会一下“50赫兹的震颤感”哟！

冷暖自知：为什么薄荷尝起来凉飕飕？

难易程度

夏天到了。除了吃冰淇淋以外，薄荷也是棒棒哒！为什么含有薄荷的牙膏或沐浴露使用后会给人清凉感呢？

薄荷或含有薄荷的洗漱用品或者食物，即使是在常温甚至高温时，都会给人带来凉飕飕的感觉，譬如摩洛哥常喝的薄荷茶，那么烫，而且有时要加很多很多糖，但还是会有凉凉的味道。这种凉凉的感知是因为薄荷里的薄荷醇（menthol）。

实际上想一下“凉”这种感知是很有趣的。如果你一口闷了一个冰块，包在嘴巴里，你舌头和嘴巴立马就木了，一直包着不动，不一会儿就会觉得很痛。吃含有薄荷醇的东西，舌头也会觉得凉飕飕的，但一直放在嘴里面就不会痛。

人之所以会感受到温度的变化，热的还是凉的，是因为在所有负责感受和传递冷热的神经细胞里有一种叫TRPM8的感受器。

TRPM8是一个电压控制离子通道蛋白。用人话说，这玩意儿是个蛋白质，作用是在神经细胞膜上当一个上了锁的小门（离子通道），当温度变低时，这个门就会被打开，允许钙离子Ca^{2+}进入细胞。当阳离子Ca^{2+}进入细胞后，形成电流，然后会沿着神经细胞传递到下一个神经细胞，不过这个中间过程就复杂了，在此不提。

但外界温度的改变不是能让TRPM8开门的唯一因素。薄荷醇也可以在常温下激活它。薄荷醇碰上这个蛋白质之后，这个蛋白质做的门会变形，导致门打开，然后钙离子就可以进去了。实际上，科学家是先发现薄荷醇，然后发现这个蛋白质对薄荷醇有反应，才发现这个蛋白质在凉的感知上的作用的。这样，在吃薄荷时，薄荷醇将舌头上的相关神经细胞激活，所以产生了凉的感知。

除了薄荷醇，桉油醇[1]和人工合成的超强致凉物icilin[2]，也能让人和动物感受到凉的感觉，比薄荷醇强200倍。

实际上感知热（温度升高）也一样有相对应的门（离子通道），叫TRP-V1，也是通过让钙离子通过来传递信息的，但是钙离子是从里面往外流，而不是从外往细胞里面流。辣椒里的辣椒素（capsaicin，又名辣椒碱）就是靠直接与TRP-V1作用，产生“热”的感觉。

最后，薄荷醇还对炎症有作用，这个想必很多人都深有体会，特别是喜欢用茶树精油来祛痘的女生。实际上痘痘除了有脏东西在里面，还有就是旁边会有一圈红红的，甚至会产生炎症恶化。学过基础医学就会知道，发炎（inflammation）有五个主要迹象：热、红、肿、痛和功能障碍。而薄荷醇至少可以舒缓“热”这

[1] eucalyptol，桉树油的主要成分，主要用于一些食品烹制以及杀虫剂中。

[2] icilin暂时没有中文译名。

个迹象，进而可以舒缓炎症。当然咯，没有薄荷醇，直接来个冰袋来冰敷也是可以的。

发炎的五个主要迹象

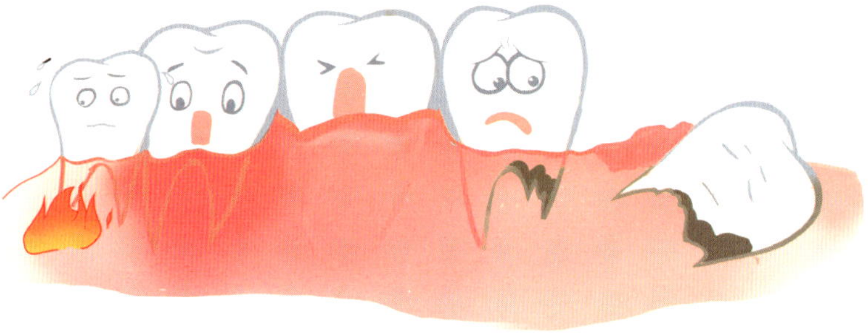

发炎的五个主要迹象：热（heat）、红（redness）、肿（swelling）、痛（pain）和功能障碍（loss of function）。

风吹过，会感到凉爽，是因为风带走了皮肤上的热，并加快了皮肤上水分的蒸发。蒸发便会吸热，所以皮肤会感到凉。所以，薄荷醇所带来的凉飕飕的感觉的原理和吹风带来的凉爽是不一样的。

早在20年前，研究人员就发现，即使丧失了嗅觉的病人，还是能够“闻”到薄荷味，这是因为薄荷味并不是通过嗅觉感受器闻到的，而是通过鼻腔内的感知冷热的神经细胞而感受到的。感知冷暖实际上不该属于传统五种感知的任何一种（如嗅觉、味觉或是触觉），而是专门属于冷暖感知。

在此想强调，五觉之间的界限可能没有你感觉到的那样泾渭分明：尝到的不一定都是“味道”，还有“温度”。

我痒，我挠，故我在

难易程度 

我痒，我挠，故我在。

——陈宙锋

痒是一种疼痛吗?

不是。以前我们以为痒是一种轻微的疼痛，但现在我们认为痒是有别于疼痛的一种感知。

痒觉领域的领军人物陈宙峰教授所带领的团队，早在2007年就在小白鼠的脊椎里首次发现了专门负责痒的受体——胃泌素释放肽受体（gastrin-releasing peptide receptor，简称GRPR）。当时他们发现，当给小白鼠注射胃泌素释放肽后，小白鼠会抓挠自己，说明这有可能和痒有关。在两年后《科学》（*Science*）杂志的一篇文章中，他们敲除了负责产生这种受体的基因，发现小白鼠不痒了，然而依旧可以感应到疼痛，这说明痒和痛是不同的[1]。

痒是怎么产生的？

人会觉得皮肤痒，有多种原因：皮肤干燥、疾病、脏、蚊虫叮咬或者寄生虫（像是虱子），甚至有可能是心理原因。普遍认为，这种感知是用来教会我们避免接触带有刺激性的物体以及保护皮肤健康的。

从陈宙峰教授的一系列实验中已经知道，痒是独立于疼痛之外的，有自己的传递信号的系统。那到底有哪些神经传导物质（neurotransmitters）在大脑中负责传递痒的信号呢？

除了上面提到的胃泌素释放肽，还有钠前体肽B（natriuritic precursor peptide B，简称NPPB）和神经介素B（neuromedin B，简称NMB）——这三种神经肽在大脑感知瘙痒的过程中起着重要作用[2]。

虽然有时候挠痒痒能让人有强烈的满足感，但很多时候却会让我们过度瘙痒，以致损坏皮肤，甚至导致更加严重的后果。所以，如果我们能对痒的产生以及传递痒的信号通路更为了解，以后就有可能开发出准确止痒的药物，让患有各种慢性皮肤病的患者得到有效的治疗。

---

[1] Sun, Y.-G., Zhao, Z.-Q., Meng, X.-L., Yin, J., Liu, X.-Y., Chen, Z.-F., 2009. Cellular basis of itch sensation. Science 325, 1531 - 1534.

[2] Goswami, S.C., Thierry-Mieg, D., Thierry-Mieg, J., Mishra, S., Hoon, M.A., Mannes, A.J., Iadarola, M.J., 2014. Itch-associated peptides: RNA-Seq and bioinformatic analysis of natriuretic precursor peptide B and gastrin releasing peptide in dorsal root and trigeminal ganglia, and the spinal cord. Molecular Pain 10, 44.

是谁让你想挠痒痒了？

发痒的认知机制是什么，到现在也是一个未解之谜。它不是一个简单的触觉或痛觉的感知。而且一旦哪里感觉痒，你就会特别想去挠，即使你知道挠了也无济于事，甚至会抓破皮肤，使得问题更加严重。

经过长时间的研究，科学家终于找到了独立于疼痛之外，只负责痒的神经细胞。这些痒痒神经比疼痛神经传导速度慢很多，而且它每一个末梢所能感应的面积是疼痛神经覆盖面积的600多倍！这也解释了为什么我们好像对痒更加敏感，但痒的感觉产生却要比疼痛慢，消失的速度也更慢。

虽然疼痛也是一种令人不愉快的感知，但如果我惊叫一声："啊！你的肩上有一只碗口大的蜘蛛！"即使你知道我只是逗你的，可还是会感觉到莫名的瘙痒，甚至头皮发麻——这比被热水稍微烫一下更让人烦躁。而且，痒还会带来难以控制的挠痒的冲动，一秒钟不去挠，就会觉得那一秒变得好长——即使没有真的缓解，心里也要好受一些。

对我来说，这正是"痒"这种感知最有趣的地方。你的反应并不一定对应于真实的体验——你下意识地去挠脖子，随之感到痛快——但那里可能什么都没有。

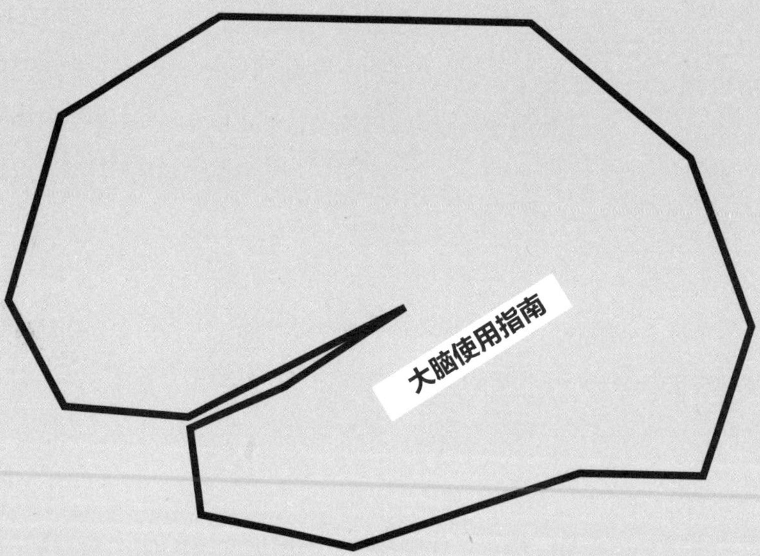
大脑使用指南

THREE

我们应该科学地找对象

“饮食男女，人之大欲存焉。”

《礼记》里的这句话，用今天的话说就是，吃吃喝喝和找对象，是人最基本的欲望。

爱美之心人皆有之，那什么是美?

男女之事，若只是美不美的问题，为什么女人们换国民男神换得比包包还勤?

什么是美？

难易程度

爱美之心人皆有之。

什么是美？不得不说，审美标准真是因物而异、因人而异、因时而异。我觉得这个问题和意识的存在非常类似，根据你的知识背景、个人的体验，以及当下你思考的角度（如哲学、艺术、文学、数学……），会产生无法预知的讨论。

简单来讲，美是一种引起人的愉悦感的物质属性。“认为一个事物美”，可以被看成一个行为或是大脑的一个认知活动。无论你是谁、对象是什么、在什么时刻，这个活动都是有一定的共通性的。而从神经科学角度来定义美的这类研究，叫神经美学（Neuroaesthetics）。

这是一个相对很新的美学分支，最开始是由伦敦大学学院的神经美学教授 Semir Zeki（泽米儿·泽基）提出的。很巧的是，大三时他还教过我，但对主要学习神经科学的人来说，他本身是一个很有名的视觉神经科学家。

Zeki在神经美学上最大的一个贡献，大概是发现负责评价“一个视觉作品美不美”的大脑区域——覆盖于眼眶之上的大脑皮层，眼窝前额皮层（或叫眶额皮层，orbitofrontal cortex）[1]。有趣的是，核磁共振实验发现，人对作品的美丑评价，和这个区域的活动强度有关：活动强，便认为一个作品很美，活动弱，便是丑的。

有没有单单对美产生反应的大脑区域呢？有的。现在已知的可能负责认知“美”的大脑区域是背外侧前额皮层（dorsolateral prefrontal cortex），也就是大概太阳穴后方一点的位置。但是，从其他话题的研究中，我们也知道，这个区域也和行为管理（譬如唱一段你训练很多次的歌）以及注意力有关。所以这个区域对美的特定活动，很可能是因为看到美丽事物而随即引起的另一个认知过程（如，将注意力全部导向美的事物）的混合结果。

“认为一个事物美”然后下意识地去“追求”它。我认为这也恰好是回答另一个更根本的问题——为什么大脑进化出这样的一个认知活动——的关键之处。

对于这个问题，我个人的看法靠近演化心理学：“追求之后，有提高生存和繁衍的事物便是美的。”最开始可能某些祖先随机地认为事物所带有特定的一个属性是美的，并产生了欲望、实施了追求，得到之后，这个属性帮助拥有者提高了生存和繁衍的能力，使得他们在竞争中脱颖而出，并将这个识别能力传递给了后代（可能通过基因，可能通过后天的教导）。逐渐地，类似的直观感受就笼统

[1] Kawabata, H., Zeki, S., 2004. Neural Correlates of Beauty. Journal of Neurophysiology 91, 1699 - 1705.

地被归纳为“美”，而到现在，我们已经不需要通过识别这些属性而赢得生存的竞争，所以“美”的定义便变得模糊，更容易被情绪和个人经历所干扰。

为什么国民男神一换再换?

难易程度

现在到处都在讲颜值，女人们的国民男神也在按季度更换。但仔细想想，实际上这不仅仅只是看脸的问题。瞅瞅2016年第一季度的国民男神宋仲基，他的长相从高中就没变过，连发型都没怎么变。估计不少人在看《太阳的后裔》之前都看过宋仲基的照片吧，怎么当时没有立马要让他给你留个孩子呢?

是什么影响了女人那骚动的芳（春）心呢?性冷淡点讲，到底是什么影响了求偶标准?

最近我从台湾一本非常有意思的心理学科普书籍《都是大脑搞的鬼》（作者谢伯让）[1]上看到几个非常有趣的研究，提到了卫生环境对人类对异性颜值的喜好

---

[1] 谢伯让:《都是大脑搞的鬼》，台湾:时报出版社2015年版。

的影响（《都是大脑搞的鬼》第3章第4节）[1]。

第一个实验[2]中，研究人员调查了来自29个国家的近2000名异性恋男士，让他们去评价两张女性的照片。结果显示，来自卫生环境好的国家的男士认为脸部线条柔和的女性更美，而来自卫生条件差的国家的人更趋向于选择更man（男性比）的女性。

随后，在2014年，有人又花血本做了针对女性的规模更大的实验[3]：近5000名来自30个不同国家的异性恋白人女性对白人男性颜值的评价。不出意外地，这个研究也得到了一模一样的结果：来自卫生情况越差的国家的女性越喜欢脸部线条刚毅的男性。换句话说，国民男神/女神被这个国家的卫生环境影响着。

实际上，这也不难理解。卫生环境越好，因卫生所导致的健康问题越少，往往医疗条件也更好，配偶的身体素质对于生存和繁衍并不是一个特别必要的条件。无论男女，脸看起来越有阳刚之气，往往代表着越强悍的体格和性格（当然，《十万个冷笑话》里面的哪吒不算），这样的人在卫生环境恶劣的国家反而更容易打拼。很自然，人们更愿意选择"在当下环境下更容易成功"的异性作为配偶。

---

[1] 我非常推荐这本由新加坡国立大学的认知神经科学助理教授谢伯让博士写的科普书籍《都是大脑搞的鬼》。这本书很新，是由台湾时报出版社在2015年5月出版的。由华人写的神经科学科普书籍并不多见，我也是因一位认识谢博士的前辈才了解到这本书的。这本书写得非常简单易懂，更趋向于"应用心理学"，也收纳了很多有趣且新的研究。

[2] DeBruine, L.M., Jones, B.C., Crawford, J.R., Welling, L.L.M., Little, A.C., 2010. The health of a nation predicts their mate preferences: cross-cultural variation in women's preferences for masculinized male faces. Proceedings of the Royal Society of London B: Biological Sciences 277, 2405–2410.

[3] Marcinkowska, U.M., Kozlov, M.V., Cai, H., Contreras-Garduño, J., Dixson, B.J., Oana, G.A., Kaminski, G., Li, N.P., Lyons, M.T., Onyishi, I.E., Prasai, K., Pazhoohi, F., Prokop, P., Cardozo, S.L.R., Sydney, N., Yong, J.C., Rantala, M.J., 2014. Cross-cultural variation in men's preference for sexual dimorphism in women's faces. Biology Letters 10, 20130850.

谢伯让博士在他的书中提到，另一个可能导致来自卫生条件差的国家的男人更喜欢选择man一点的女性的原因在于睾酮（testosterone）。睾酮是一种让人变得更man的雄性激素。男女身体中都有睾酮，但男性更多。睾酮诱发并维持男性的第二性征，是引起男性性欲的重要激素。但是，过高的睾酮会导致免疫力下降[1]。这一点从太监的寿命就能够看到蛛丝马迹：通过分析朝鲜王朝时的宫廷记录《养世系谱》可以确认当时的太监寿命，平均值高达70岁。然而同期拥有类似的物质生活的正常男性，平均寿命只有50到55岁[2]。但是当然咯，这并不是说切掉小鸡鸡就可以延年益寿啦。

而较差的生活卫生条件，会导致男性体能的睾酮降低，以免过高的睾酮影响免疫力。这时，拥有低睾酮的男性自然而然地就被高睾酮的女性所吸引了。

欸？想想最近几年，中日韩的女人们普遍喜欢走阴柔风的男性，难道是因为睾酮偏高？！

---

[1] Muehlenbein, M.P., Watts, D.P., 2010. The costs of dominance: testosterone, cortisol and intestinal parasites in wild male chimpanzees. BioPsychoSocial Medicine 4, 21.

[2] Min, K.-J., Lee, C.-K., Park, H.-N., 2012. The lifespan of Korean eunuchs. Current Biology 22, R792 - R793.

相亲时的“看对眼”到底是怎么回事？

难易程度

最近我身边的朋友们也逐渐进入适婚的年龄了，每次聚会的时候都会嘀咕相亲时遇到的奇葩，我就奇怪了，我这些女友各个都是才貌双全、家世闪亮，难道三姑六婆找的相亲对象质量不行吗？她们一摆手，不是条件的问题，只是总是没法“看对眼”。

我估摸着，这相亲时的“看对眼”基本上和“一见钟情”差不多，或者至少说，要一看就有好感。那大脑里有没有区域是负责决定对这个人有没有好感的呢？有的。

2013年，来自爱尔兰都柏林圣三一学院（Trinity College Dublin）的研究人员做了个快速看脸配对的实验[1]。参与者包括78名女性和73名男性，全部都是单身的异性恋。与那种标准的大型相亲大会一样，参与者会很快速地轮流与不同异性面谈5分钟，然后在活动结束后，每人填表反馈对谁有好感并想继续保持联系。

但与普通的相亲大会不同的是，在大会开始之前，研究人员给其中39名参与者看了所有他们将会在相亲大会上遇见的异性的照片，并用功能性核磁共振记录下他们的大脑活动。参与者每看到一张照片，都会有几秒钟让其给这名异性打分，1到4分，代表着有多想与照片里的这名异性一起约会。科学家也记录了这些参与者对每名异性的第一印象的描述，譬如说评价这名异性长相如何、应该是个怎样的人等等。

接下来的几天他们依次见了在照片里看到的异性，有63%的“通过看照片就想约会”在面对面聊了5分钟后，还想保持联系。有趣的是，整个实验结束后，真的有近20%的参与者与当时选择的人开始谈恋爱，换句话来说，大概有七八对成功了。研究人员戏说以后可以举行一次联合婚礼。

通过分析参与者的脑成像，发现前额皮层的旁扣带回皮层（paracingulate cortex，缩写PCC）似乎与决定是否有好感有关。另外，无论你喜欢哪个类型的妹子/帅哥，当看到一张普遍都觉得很“性感”的脸，你的腹内侧前额皮层（ventromedial prefrontal cortex）会变得活跃。

这个发现倒也不令人意外，一直以来我们都知道前额皮层在性格和决策上起着重要作用，而PCC也和人类社交功能有很大的关系[2]譬如说，让志愿者在以下三

[1] Cooper, J.C., Dunne, S., Furey, T., O’Doherty, J.P., 2012. Dorsomedial prefrontal cortex mediates rapid evaluations predicting the outcome of romantic interactions. J Neurosci 32, 15647–15656.

[2] Walter, H., Adenzato, M., Ciaramidaro, A., Enrici, I., Pia, L., Bara, B.G., 2004. Understanding Intentions in Social Interaction: The Role of the Anterior Paracingulate Cortex. Journal of Cognitive Neuroscience 16, 1854–1863.

种实验情况下坐在电脑面前玩“石头剪刀布”：

· 第一种情况，告诉志愿者，电脑的另一头是一个真人，电脑只是传递信息的媒介；

· 第二种情况，告诉志愿者，他们是和电脑玩，电脑已经提前制定好了原则和策略，换句话说，出剪刀石头布时就像是人一样是有一定规律的。

· 第三种情况，告诉志愿者，他们是和电脑玩，而且电脑所出的是完全随机的。

实际上，这三组情况中，志愿者一直都是在和电脑玩，那头没有真人的。在这样的决策游戏中，PCC只有在第一种情况下会有明显的激活。换句话说，PCC在与人交流互动时起着重要作用。

但请不要夸张这个发现。这并不是说刺激PCC就会让一个人无缘无故地对另个人产生好感。在《哈利·波特》（*Harry Potter*）的魔法世界里，技艺高超的药剂师可以创造出迷情剂，诱发强烈的爱慕情感，但是即使是强大的魔法或知识，都无法创造出那种真正牢不可破的、无条件的、可以称为“爱情”的情感。

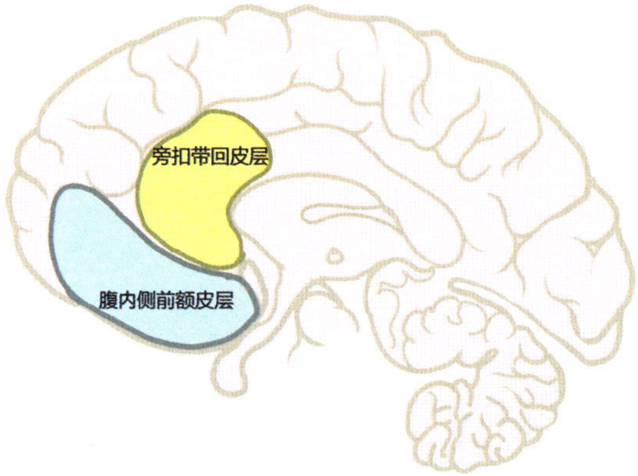

已知和“一见钟情”可能相关的两大大脑区域，腹内侧前额皮层和旁扣带回皮层（缩写PCC）

亲亲时
为什么要歪头？

难易程度 

“kiss”的学名叫“philematology”，古希腊语意思是“尘世的爱”（肉麻得让我缩了一下肩），就好比土豆叫马铃薯一样。

强力的亲亲需要活动34块肌肉，然后会引起大脑中的内啡肽（又叫脑内吗啡，和吗啡作用差不多，止痛和产生愉悦感）和多巴胺的升高，并会与他人交换一千万到十亿个细菌。（所以我每次想到睡美人都在想，她肯定是缺少某种细菌才进入昏睡的，然后无论谁给她一口唾沫，她就会醒来……谁来帮我把我的脑洞缩一缩……）

为什么深情对望后，亲亲时人都会下意识地歪头呢。你们不觉得这是个问题吗？为啥你知道对面那个人也会和你歪一个方向呢！要是一不小心一人歪同一方向，岂不是就撞上了！

一想到这个问题我就愁得不行。还能不能好好谈恋爱了！

唉呀妈呀真有人研究了这个！！而且还在2003年《自然》（*Nature*）杂志上发表了论文。果然，需要缩脑洞的不止我一人。

2003年，Onur Gunturkun（奥努尔·冈特昆）在3个不同国家的公众场合下观察了124对接吻的情侣（变态！），并发现65%的情侣会下意识地将头一起向右倾，而只有35%的会向左倾。

也就是说，类似于右撇子，亲亲也分左右。

好了问题来了，这个偏向到底从何而来？是因为大脑的不对称性（或专业点讲，大脑侧化（brain lateralisation）所导致的动作偏向（motor bias）吗？

与情绪有关？

好吧，我们又说到大脑侧化了。脑侧化这个词听起可能别扭，但说起下面这个“理论”估计没人不知道——“左脑理性，右脑感性”。每次说到这句话我都要打个冷战，也不能说它完全不对，但这句话怎么说都非常肤浅。（某个小朋友曾问我是左脑人还是右脑人。我微微一笑，我是小脑人。）

不管怎么说，在这个发现中，大脑侧化的确是个可能的解释。负责主管感性，说直接说情绪，情感情绪的右脑，在亲嘴之前应该是很活跃的。1999年另一

冷知识：有实验曾发现，当人情感丰富时，更倾向于将左脸颊露出来；而当冷漠无情时，甩右脸。下次去见女神男神时可以观察一下。

个脑洞大开的实验发现，当情感丰富时，人更倾向于将左脸颊露出来；而当冷漠无情时，甩右脸。（嗯，以后我懂了。）

那亲嘴时歪头会不会和甩脸一样和情绪有很大的联系呢?

为了证明这一点，Gunturkun证明了在科学家的世界里“没有最变态，只有更变态”这条真理，他居然让实验者不带感情地去亲与人一样大的玩偶（你懂的）。结果是，亲人偶和亲真人，往右歪的比例是一样的。Orz（失意体前屈，网络流行的表情符号，膜拜的意思），也就是说，和情绪没关系。

右撇子？左撇子？

当然，科（变）学（态）家（们）在追逐真理的路上永不停止。

另一个可能的解释是右亲亲是婴幼儿时期遗留下来的动作偏向（motor bias）。在妊娠的最后几周以及新生的最初一段时间，大多数人都会倾向于将头向右偏（躺下时不可能永远朝上嘛！有时肯定要偏着头的）。而这个习惯貌似与是右撇子还是左撇子相关。

但右撇子占将近89%的比例，比亲吻往右歪的65%比例高很多，所以亲吻歪头的偏向肯定不是单纯与惯用手有关。

记着刚才那句话没？“没有最变态，只有更变态。”2009年的实验中，Gunturkun又让参与者去亲玩偶，同时记录下他们在亲玩偶时的惯用手、惯用脚、眼球转动。发现与左亲亲相比，习惯右亲亲的更多的是惯用右手右脚。

所以，他的结论是，亲嘴，不仅和手有关系，还跟脚有关系。

当右亲亲遇见左亲亲怎么办?

如果你以为他们就此满足，你就太天真了。

一大拨没事干的科学家激动地思考，要是一个习惯亲吻时右侧脸的人碰上个习惯左侧脸的人该咋办？这可比星座配对、血型配对来得更残酷啊有木有！

2011年，两个丧心病狂的科学家，又组织了亲亲玩偶的活动。结果发现，右亲亲的人，就算玩偶是头朝左的，还是固执地要我行我素地右亲亲。由于右亲亲的人更死脑筋，所以当一个左亲亲的碰上右亲亲，左亲亲就会妥协改为右亲亲。

真是醉了。

以后告白前记得问一句，“你是右亲亲还是左亲亲？”要是不一致再问一句“你愿意跟我亲的方向一致吗？”敢答不敢答！多年后，此问题会与“你妈和我掉进河里先救谁？”“保大还是保小？”并称三大恋爱杀手！

等等……亲亲时不歪头，岂不是会撞鼻子吗？

心痛是矫情还是真痛？失恋真的和被热咖啡泼到差不多疼吗？

难易程度

哀莫大于心死。

小一些的时候，大人老是说，小孩子家家懂什么叫心痛。说实话，我觉得事实正相反，长大以后，人更坚强，更能够控制好自己的情绪，反而不会觉得那么痛。

一直以来，大家都对心理的疼痛（emotional pain）重视太少了。即使岁月流逝，不经意间还是能够将深埋在记忆中的疼痛唤起；有人甚至会用物理疼痛来转移心痛；更为普遍却讽刺的是，人们对有物理疼痛的病人更加同情。其实心痛，比身体的物理疼痛更加糟糕。

2003年："排斥"和物理疼痛相似

早在2003年，加州大学洛杉矶分校做了非常有名的一个关于"拒绝"的功能性核磁共振实验[1]，并在《科学》上发表，截至2015年4月，这篇论文已经被引用了2150次。"排挤他人"真的会让人受到伤害吗？这类社会排斥所导致的心理疼痛在大脑中产生是与物理疼痛相似吗？研究人员让受试者在被MRI扫描时，做虚拟的多人抛接球游戏（就是多个人围成一个圈，然后相互抛球并接住），玩了一会儿后，逐渐不再给受试者递球，换言之，其他的虚拟玩家将受试者排斥在圈子之外。与物理疼痛的多个研究结果相比较，这个实验发现：

· 与"一直没有被排斥"的状态相比，被排斥的时候，大脑的前扣带回皮层（ACC）（下图蓝色区域）更加活跃，强度与自我评价的心理不适感成正相关；

· 同样在被排斥的状态下，大脑的右脑前额下腹（下图蓝色箭头）更加活跃，并且强度与自我评价的心理不适感成负相关。

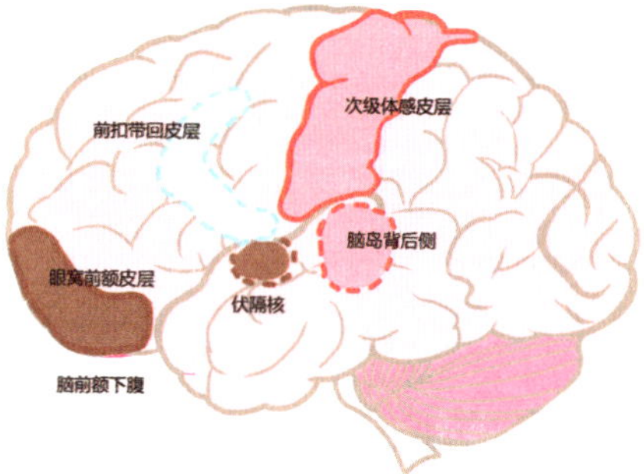

不同研究发现负责心理疼痛的大脑区域不同。2003年的"社会心理疼痛"研究认为这种"疼痛"与蓝色区域所示的前扣带回皮层以及右脑的脑前额下腹有关。而2011年关于失恋的研究中，发现失恋和烫伤时的疼痛有着相同的区域（由浅粉色所示），并同时激活"欲望"和"成瘾"的区域（由棕红色所示）

---

[1] Eisenberger, N.I., Lieberman, M.D., Williams, K.D., 2003. Does Rejection Hurt? An fMRI Study of Social Exclusion. Science 302, 290 – 292.

这篇论文给研究“社会心理疼痛”奠基了理论基础，被拒绝、被孤立或是失去珍惜之物都会导致与物理疼痛相似又有不同的“社会心理疼痛”。

2011年：失恋和被热咖啡泼到差不多疼

密歇根大学的研究团队发现，在受试者被热咖啡烫到或看见刚刚分手的前女/男友的照片时，核磁共振显示在受到物理疼痛时的大脑激活区域和受到精神疼痛时是一样的（上图粉红色两个区域）[1]。而且在经历精神疼痛时，大脑负责欲望和成瘾的奖赏系统的相关区域也会被激活（上图棕红色两个区域）。

2014年：不是一回事！

以上的这些发现都似乎指向一个结论，那就是无论是精神原因还是物理创伤，疼痛对大脑而言是一样。对研究精神创伤的科学家来说，这个认识给治愈有精神创伤的病患打开了新思路：可以直接给正在经历精神疼痛的病人吃传统的止痛剂，如在英国药妆店能买到的扑热息痛（paracetamol），感冒发烧，痛经都可以吃的“万能药”。

---

[1] Kross, E., Berman, M.G., Mischel, W., Smith, E.E., Wager, T.D., 2011. Social rejection shares somatosensory representations with physical pain. PNAS 108, 6270－6275.

但2014年最新的研究却推翻了这个结论[1]。虽然从大范围来看，物理和精神疼痛会激活相似的大脑区域，但通过使用新的分析工具，就可以看到，两者大不同。

研究人员认为，精神疼痛可能和悲伤或抑郁更加相似，而非物理疼痛。那么这项发现，不仅推翻了之前十年的认识，也将心理疼痛的治疗指向了新方向——停止给失恋的人吃普通的止痛药！

[1] Woo, C.-W., Koban, L., Kross, E., Lindquist, M.A., Banich, M.T., Ruzic, L., Andrews-Hanna, J.R., Wager, T.D., 2014. Separate neural representations for physical pain and social rejection. Nature Communication 5.

劈腿还是不劈，是个问题

难易程度

对于很多动物，“一夫多妻”或“一妻多夫”是基本的社会结构。在4000多种哺乳动物中，只有3%～5%的物种遵守一夫一妻制（monogamy）或说单配性。虽然人类因为道德和法律的束缚，现在很多社会都已经遵从“一夫一妻”制，但从本性来讲，人类到底是“一夫多妻”还是“一妻多夫”呢？

“一夫一妻”对于社会一定有好的作用。一方面，减少了疾病传播；另一方面，群体已经达到交配繁衍的目的，就不需要让每个个体再浪费更多时间在繁衍上。直白点，除了爱爱，还要好好过日子嘛。大脑里到底是什么影响了人的“一夫一妻”配偶行为呢？

有两个激素和这个行为有一定的关联，一个是抗利尿激素（vasopressin），影响着男性的生殖和社会行为，另一个是有名的多巴胺，它在性冲动、奖励和愉悦感中起着重要的作用。

在一夫一妻的单一配偶制有关的行为中，负责识别抗利尿激素的受体V1a扮演着重要角色。在大脑区域眼窝前额皮层中，趋向于选择“一夫一妻”的男性明显拥有更多的抗利尿激素受体V1a，而多巴胺的受体明显相对较少[1]。当抗利尿激素进入大脑前部区域，并激活位于这里的抗利尿激素受体V1a时，奖励系统将会激活。也就是说男性的大脑前部，若有更多的抗利尿激素受体V1a，会更喜欢一夫一妻制，理论上可以说会对配偶更加忠诚。

相反地，多巴胺受体的一些变体与常常劈腿的男性相关，而且喜欢约炮的男

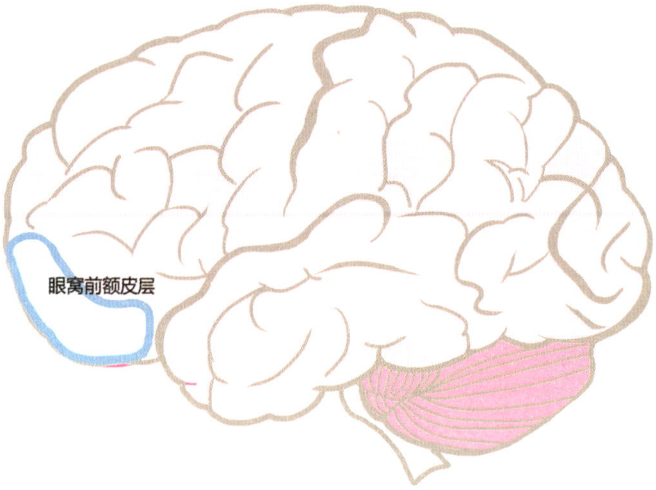

在眼窝前额皮层（Orbitofronfal cortex）中，一夫一妻制的男性比趋向于一夫多妻制的男性的抗利尿激素受体V1a更多、多巴胺更少

[1] Lim, M.M., Wang, Z., Olaz ú bal, D.E., Ren, X., Terwilliger, E.F., Young, L.J., 2004. Enhanced partner preference in a promiscuous species by manipulating the expression of a single gene. Nature 429, 754 – 757.

人，约炮时大脑会产生大量多巴胺，激活奖励系统，并产生极大的愉悦感[1]。

当然，这些研究还不能确定基因与这类复杂的生殖情绪行为之间的因果关系。神经科学的研究结果是描述性的，也不能直接用来解释心理层面的现象。爱情和婚姻更是复杂的行为。在爱情的不同阶段，人的大脑变化有很多，但通过神经科学的研究，还有可能让我们从进化和生理的角度上去试图理解，什么是爱情。

[1] Garcia, J.R., MacKillop, J., Aller, E.L., Merriwether, A.M., Wilson, D.S., Lum, J.K., 2010. Associations between Dopamine D4 Receptor Gene Variation with Both Infidelity and Sexual Promiscuity. PLOS ONE 5, e14162.

大脑是最大的性器官

难易程度

这句话听起来非常搞笑，但仔细想想，真的不能再正确了。从头到尾，不管是一个人，两个人，还是一群人，不管是做了还是没做——最大的boss一直都是大脑！

对性的科学研究，估计很早就有人秘密地开始了，但真正受到正视和推动，应该是从弗洛伊德开始的。

通过精神分析学来解释一些性行为/心理，希望能够将一切心理问题都与性挂上联系（其中最有名的莫过于“恋母情结”），并希望能将这个理念放诸四海而皆准，所以到处找各种神话和民间奇谈来做比较素材，在性心理研究上，他的代表作为1905年的《性学三论》。虽然弗洛伊德非常希望能够发现性在大脑中实际的、量化的来源（实际上这是神经科学的范畴），但精神分析学这个方法的发明让他一辈子都专注在心理或精神上的研究了。

同一时期，在中国少有人知的另一位著名英国女性学者，叫Marie Stopes（玛丽·斯特普），靠给已婚夫妇提供一些实质性的建议，并著有第一本科学的性爱手册*Married Love*（直译为，婚后的爱。不得不说，这可有些讽刺呢……也就是说，婚后的爱=性？），而她最有名的一点就是，她是第一个提出科学避孕的人。

估计看过美剧《性爱大师》就会知道，对性的生理学研究的先驱是Williman Masters（威廉·马斯特斯）和其研究助理Virginia Johnson（维吉尼亚·琼森），从1957年开始在华盛顿大学（圣路易斯）开始秘密地通过观察和科学测量来研究人类的性行为。

实际上，在他们两人之前，真正的性生理学家是Alfred Kinsey（阿尔弗雷德·金赛），他在1947年就在印第安纳大学建立了实际上第一个性的生物学研究所，并做了最庞大、最有野心的关于性的大众调查，在1956年他去世之前，他与他的下属一共面谈并研究了18,000名来自美国各地的人。到今天，他留下的记录和笔记都还在被大量科学家分析。

人类的性行为，在科学方面，已经经过了为了解决婚姻问题而存在的咨询室，到精神分析和心理学，到更严谨、复杂的生理学几个阶段。也就是说，单单从咨询室到实验室，就花了半个世纪。

整个性爱过程，极其主观，感官信息非常“不正常”，可以说很多大脑功能在性爱过程中都像是没有正常运作似的，譬如说，平时我们常常炫耀的理性思考。在那一刻，你感觉好像大脑里每一个细胞都在叫嚣：“理性，是什么？我只看到了性感的他！”与此同时，某些感官又变得极为夸张、敏感。

问题还没完呢，性行为光是从时间轴上就可以分很多个阶段，其中最受到注意的是性欲和性高潮。

性欲，是一种行为冲动，而性高潮是自主神经系统下的生理现象。换句话说，前者是由意志支配的，而后者是不受意志支配的。这个区别非常重要，因为两者之间过程的转变就是神经科学最感兴趣且最为复杂的部分。

而且最要命的是，男的和女的不一样！

“你这个色坯！”

难易程度 

“精虫上脑”不是什么好词，但因一时贪色而失去理性的，感觉总是雄性呢（毕竟咱们从没听说过“卵子上脑”这个说法）。在性欲高涨时，男人的理性真的如此不堪一击吗？

来自马萨诸塞理工学院和卡内基梅隆大学的两个行为经济学家在10年前做过一个颇有噱头的实验[1]。他们把参加实验的人分为两组，“性欲高涨”组和“正常对照”组。有幸抽到第一组的，在实验过程中被要求坐在电脑面前手淫，边手淫边回答各种各样的问题，而对照组的人只用回答问题。

---

[1] Ariely, D., Loewenstein, G., 2006. The heat of the moment: the effect of sexual arousal on sexual decision making. J. Behav. Decis. Making 19, 87－98.

结果发现，在手淫的男性，会有些非理性的想法冒出来。譬如说，对女鞋的性幻想[1]，在对照组里只有42%，而手淫组有65%；甚至在SM（性虐恋sadomasochism的缩写）上也增加了，无论是想象自己是S[2]还是M[3]，都有超过20%的提高，在手淫时，80%的被试者觉得无论自己是S还是M都挺有趣。

在大量的问题中，仅有两个问题在两个组之间没有显著区别：一是直男想象和同性做爱，二是问喜欢开着灯还是关着灯做爱。

不过我觉得，这个实验也算是漏洞多多。一方面这个实验只测试男士，估计是因为女性太过害羞不会来做这样的实验。通过这样的一个实验没法证明男的比女的更容易被冲昏头脑。另一方面，愿意来参加这样的实验的人，必然在性上面要更加大胆，并不能真正代表大多数的男性。更重要的是，影响答案的不仅仅是当下真实的想法，更重要的是当下的情景。如果一个人衣冠楚楚，突然被问一些性癖，正常情况下不少人肯定会不承认，这样统计出来的结果就少于实际值；而在另一个组里，这个人都豁出去在实验室里××了，这时候问他什么性癖问题，他都可能没那么害羞。不过“害羞”从某个角度来讲也是因为理性的压制，而认为某个行为不理性，不愿做而已。

可能是因为话题性，这篇文章竟然在过去10年被引用440次。要我说，这个结果并不令人信服，性欲高涨时，对与性相关的问题更加趋向于“性开放”并不令人惊奇。理性，并不等于“抑制暴露自己的性癖”。

无论如何，男同胞们，下次你的对象娇嗔“你这个色坯！”时，请义正词言地说：“你点的火，你来灭！”——毕竟已经有科学证明了精虫上脑之时，男性的理智（略有）脱轨嘛！

---

[1] 原问题是：你觉得女人的鞋子色情吗？

[2] 原问题是：你觉得把你的性伙伴绑起来会好玩吗？

[3] 原问题是：你觉得让你的性伙伴把你绑起来会好玩吗？

想做爱？
男人和女人打开方式大不同！

难易程度

男人和女人的性欲不一样吗？

性欲是由激素分泌而产生的，男性是睾酮，女性是雌激素（oestrogen，这里没有拼错，estrogen是美式英语）。2011年研究发现，当男性想找人做爱时，其血液中的睾酮含量增加了大概7.8%，即使产生性欲的对象可能从个人主观喜好来讲，并不是喜欢的类型[1]。

但男女区别并不止于此。

---

[1] Meij, L. van der, Almela, M., Buunk, A.P., Fawcett, T.W., Salvador, A., 2012. Men with elevated testosterone levels show more affiliative behaviours during interactions with women. Proc. R. Soc. B 279, 202 - 208.

有种病叫“性欲亢进”，简单地说就是随时随刻地都想做爱。严肃点说就是色情版的强迫症，不做爱，就会觉得压力很大。脑成像研究发现，大脑损伤而患有此病的患者，在想做爱的时候，右半脑比同样想做爱的常人更活跃。而在正常健康的人群中，在性高潮时，男人右半脑的前额叶皮层也最为活跃[1]，而在女性中区别不大。

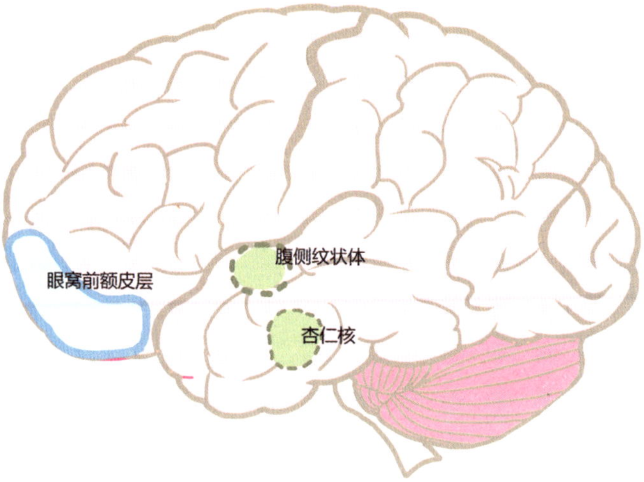

性欲产生之地——杏仁核；产生愉悦感的小伙伴——腹侧纹状体；配偶选择——眼窝前额皮层

[1] Tiihonen, J., Kuikka, J., Kupila, J., Partanen, K., Vainio, P., Airaksinen, J., Eronen, M., Hallikainen, T., Paanila, J., Kinnunen, I., Huttunen, J., 1994. Increase in cerebral blood flow of right prefrontal cortex in man during orgasm. Neuroscience Letters 170, 241–243.

而性欲的实际产生，发生在杏仁核。杏仁核是产生情绪的大脑系统中的一个很关键的区域。脑成像显示，当看到性感的视觉信号时，男性的杏仁核的活动明显比女性的强烈[1]。

与杏仁核相连的另一个区域叫腹侧纹状体（ventral striatum），这两个小伙伴负责产生愉悦感。2003年的一项研究发现[2]，男性射精时这个区域的活动情况，与吸食海洛因后狂喜的情况极为相似。

而在奖励机制中起着重要作用的眼窝前额皮层，在性欲方面，它被认为在配偶选择上起着很大的作用[3]。而当这个区域有了损伤时，会导致无法控制性欲，甚至性欲亢进、滥用毒品、沉迷赌博等情况。

人类对性，这个从始至终且愈加繁荣兴盛的行为，了解实在太少了。与人类大多数认知功能和行为活动相比，神经科学家对性的研究和了解已经少到了令人尴尬的地步。实际上，对性的研究非常非常重要，对很多社会疑问都能够由此得到一些解答。

---

[1] Hamann, S., Herman, R.A., Nolan, C.L., Wallen, K., 2004. Men and women differ in amygdala response to visual sexual stimuli. Nat Neurosci 7, 411 – 416.

[2] Holstege, G., Georgiadis, J.R., Paans, A.M.J., Meiners, L.C., Graaf, F.H.C.E. van der, Reinders, A.A.T.S., 2003. Brain Activation during Human Male Ejaculation. J. Neurosci. 23, 9185 – 9193.

[3] O' Doherty, J., Critchley, H., Deichmann, R., Dolan, R.J., 2003. Dissociating Valence of Outcome from Behavioral Control in Human Orbital and Ventral Prefrontal Cortices. J. Neurosci. 23, 7931 – 7939.

为什么怀孕时会犯恶心？

难易程度

在电视剧和小说里，一旦有女性角色犯恶心，就基本立了个flag（标志）：她怀孕了。但现实是残酷的：犯恶心不一定是怀孕，也有可能是这段时间吃太多了。但孕吐的确是个怀孕的寻常现象。将近九成的孕妇都会经历孕吐，大多数情况，这个恶心的感觉在18周之后就会消失。话又说回来，为什么孕妇老是犯恶心呢?

到底是什么引起了孕吐，孕吐只是一个副作用呢，还是它有实际的功能性意义，现在我们并不确定。我们所知道的是，孕吐这开头3个月对胎儿发育特别重要，因为这是中枢神经系统形成时期。而日常饮食过程中，不可避免地可能带有些微量的毒素。虽然拥有成年人身体的孕妇自己已经习以为常，但毒素进入血液后，就会打断胎儿的中枢神经系统发育过程。

最近有一个新理论便认为[1]，孕吐是为了让身体摆脱一些可能会对胎儿中枢神经系统有害的食物。控制呕吐的大脑区域叫作呕吐中枢（postrema），重要的是这个区域不受血脑屏障[2]的保护，所以它可以检测血液里的毒素。同时孕妇体内的血hCG（人绒毛膜促性腺激素）的浓度大大增高，而这又会使呕吐中枢对毒素特别敏感，所以频繁地引起恶心感。

这个理论倒是有些道理。譬如说，怀孕初期往往不太想吃肉和苦味的蔬菜。过去没有冷藏技术，吃不新鲜的肉食估计和吃毒药也没什么区别了。而苦味往往代表着这个食物有毒，人下意识都不太喜欢有苦味的食物（虽然干煸苦瓜的确很好吃……）。在缺乏知识和辨别能力的时代，“讨厌有可能会危害健康的东西”这一偏见恰好成了护身符。

另外一个有趣的现象，可能也为这个理论提供了些证据。纵观已知的哺乳动物，孕吐只发生在人类身上，而人类拥有最多样的菜单（换句话说是什么都吃），所以丰富的食材、无数的混搭，吃进去会产生毒素，或是有病菌的食物的可能性相对也高很多。当然咯，正如之前所提，这些所谓的毒素对于孕妇本身可能不算什么，而且胎盘也是一道天然的屏障，所以也不要因为这个理论的腔调而被惊吓到。在过去生存环境恶劣时，孕吐可能有一定的生存优势，但现在估计也只是让本来就有些疲惫和焦虑的孕妇更加不舒服罢了。

---

[1] Horn, C.C., 2008. Why is the neurobiology of nausea and vomiting so important? Appetite 50, 430－434.

[2] 血液是不会直接接触大脑的，血管和大脑之间有一个屏障。这个屏障就像一个非常细的筛子，只让特定的物质，譬如氧气、二氧化碳、血糖穿过它。大部分的药物或病菌因结构太大，都是不能通过的。

一孕傻三年？为什么肚子大了会影响脑子？

难易程度

最近我有个朋友怀孕了，弄得我也有些紧张。她在投行工作，本来工作压力就挺大的，现在因为怀孕换了一个团队，要轻松一些。但她还是不太开心，觉得怀孕之后变得健忘了。

我以前倒是从没想过怀孕还会影响到记忆力。不过常听到“一孕傻三年”，我觉得倒不是怀孕影响智力了，而是因为变得健忘，才觉得自己“变傻”了。

很可惜的是，针对孕妇的认知科学研究并不是很多。毕竟找孕妇志愿者就不太容易，还要证明她们是不是变得健忘了，实在不是个良心实验。不过，这对于英国科学家从来不是个问题。2014年，英国科学家全方面测试了23名孕妇和24名类似但没有怀孕的女性，做了将近200个测试，每3个月就要测试一次，全实验耗时整整两年[1]。结果发现，随着孕期增长，孕妇的记忆测试成绩比三个月前的测试平均要低11.7%，换句话说，肚子越大记性越差。

有趣的是，早在2000年就有研究发现，与没有怀孕的小白鼠相比，怀孕小鼠的海马体（负责记忆和学习的重要大脑区域）要更小一些，然而其他区域都没有变化[2]。8年后另一个实验发现，这可能是因为怀孕期间海马体的神经形成（neurogenesis）明显减少[3]。而这个区域不仅仅和记忆有关，更与学习能力息息相关。如果人类也是如此，那么“一孕傻三年”可能真的不是胡说。

但严谨一点来讲，即使如此，记忆力和学习能力即使真的下降了，也不一定是因为怀孕直接导致的，而是可能受到孕期情绪波动、睡眠质量下降或是压力这些因素的影响。

无论怎么说，怀孕真的是很辛苦呢。虽然大多数女性都会经历这个过程，但对于每个孕妇，这都是特殊的时期。如果你在生活或工作中遇到了她们，如果是因为怀孕的这些生理反应给你带来了不便，请务必尽量体谅哦。

---

[1] Farrar, D., Tuffnell, D., Neill, J., Scally, A., Marshall, K., 2014. Assessment of cognitive function across pregnancy using CANTAB: A longitudinal study. Brain and Cognition 84, 76–84.

[2] Galea, L.A., Ormerod, B.K., Sampath, S., Kostaras, X., Wilkie, D.M., Phelps, M.T., 2000. Spatial working memory and hippocampal size across pregnancy in rats. Horm Behav 37, 86–95.

[3] Rolls, A., Schori, H., London, A., Schwartz, M., 2008. Decrease in hippocampal neurogenesis during pregnancy: a link to immunity. Mol Psychiatry 13, 468–469.

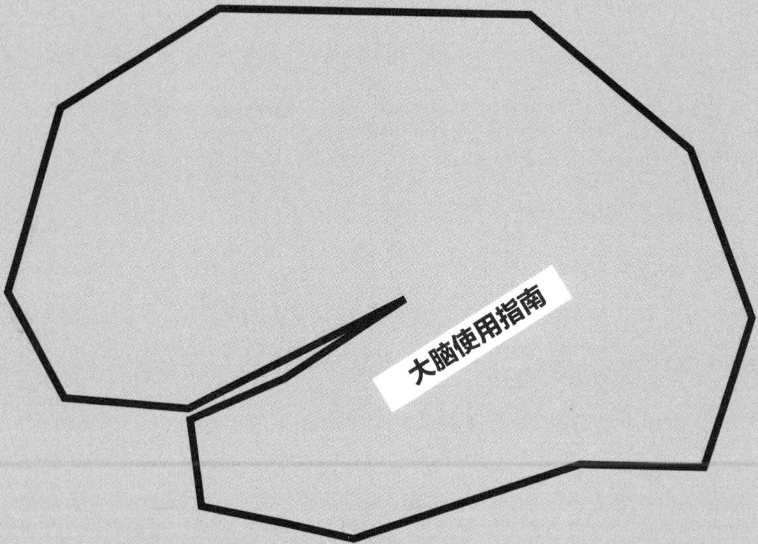
大脑使用指南

FOUR

“我是谁”“从哪里来”“到哪里去”

“我是谁”“从哪里来”“到哪里去”。

面对这三个问题，物理学家、哲学家和文学家可能都有自己的看法。

咱别说虚的，不如来看看神经科学的解释：你的个人意识从何而来？大脑是如何感知时间的？你又是如何知道自己“从哪里来”“到哪里去”的？

意识从哪里来？

难易程度

Je pense, donc je suis。我思故我在。

——笛卡儿

其实，我很少看关于神经科学的科普书，这次在整理文稿时，专门看了一下市面上的科普书，有一本关于意识的书籍我很喜欢，叫《贪婪的大脑》（*The Ravenous Brain*）。在书的开头，作者丹尼尔·博尔讲述了他自己的故事：他的父亲在他大学毕业前几周得了轻度中风，虽然是轻度，但在其大脑的这一个小小的血块就会导致很多认知和行为的变化。在中风后，一名思维敏锐的成年人可能会变成一个行为古怪的孩子，譬如突然对某一种小零食感兴趣，连续几天只吃零食，其他什么也不肯吃。再譬如，只会注意到视野中左边的事物，对右边的事物视而不见。如果你认真地从这本书的开头开始看，现在应该就知道了：他父亲的中风导致了视觉皮层的损伤，进而导致了盲视。

这些种种，让本来研究哲学和生物心理学的丹尼尔对很多基础的哲学观点产生了质疑。在这里我想直接引用作者的原话[1]：

> 坐在父亲的病床边，我深深感到那些深奥的哲学论点与现实是如此不相容——错得太离谱了，甚至到了让人反感的地步。我旁边躺着一个我深爱的人，仅仅由于大脑内的一个小血块使意识受到了严重损伤，导致他的身份特征都被剥夺了。意识当然是物质性的！
>
> 当然，这里并不是说“意识是非物质的”哲学观点是错误的，而是想用这个例子来解释为什么神经科学家会对意识这么感兴趣。

1996年，澳大利亚哲学家和认知科学家David Chalmers（大卫·查默斯）将意识相关的问题，总结压缩成一个概念，叫“the Hard Problem”（是的，你没看错，就叫“难题”），并将这个问题定义为“如何从神经科学角度来解释意识的形态”[2]。而这里的“形态”是指“事物在时空中的排序”。但由于空间、时间和事物，这三个概念本身在科学和哲学领域就很难准确定义和解释，这个“难题”在现阶段是无解的。我完全没有学过哲学，对这个领域所知甚少，这里我就不再深入意识在哲学上的讨论了。神经科学和哲学有非常多的交接领域，感兴趣的可以去查神经哲学（neurophilosophy）。

对神经科学家来说，这么多年来，最有趣的一个发现就是，很多很多大脑功能是在我们无意识的时候进行的，譬如每一刻你在呼吸，心脏在跳动，但很多时候你可能并没有意识到，大脑一直在控制调节这些生存的基本功能。当你做梦的

---

[1] Bor, D., 2013. The Ravenous Brain: How the New Science of Consciousness Explains Our Insatiable Search for Meaning. Perseus Books Group.

[2] 原文是：How to explain a state of consciousness in terms of its neurological basis。

时候，可能出现自我意识扭曲，譬如你是从一个第三者的角度来观察自己的，而对这种毛骨悚然的情况并无意识……对我所研究的听觉来说，即使人在高强度地做其他事情，并没有意识到自己环境中的声音，但大脑听到了，并可以下意识地做出很多反应，甚至重述。

说到这里，我们就很好奇，那“意识”是由哪些神经细胞，或是在大脑的哪些区域形成的呢？我们在寻找的不会是一个地方，也不会仅仅是一小撮神经，科学家应该寻找一个能够产生某种特定意识感的最小集合的大脑区域/神经细胞，这个集合叫作意识相关神经区（neural correlates of consciousness, 以下简写为NCC）。

虽然从哲学上来看“意识从哪里来”在现阶段是无解的，但是通过了解NCC，我们能够向答案更进一步。

很多神经科学家认为，NCC 应该处于细胞级别，也就是说我们应该寻找的是大脑中最小的单位的集合。要么是某种专门负责意识产生的细胞散布在大脑各处，要么就是已经被发现负责其他认知功能的各种神经细胞，在某种情况下起着产生意识的作用，或是还有其他的可能。

那神经科学家该怎么研究这个看不见摸不着，我们人类又不容易控制的认知能力呢？

首先，睡眠是关键。要是想“意识到什么”，大脑必须在一个比较高的兴奋状态（或说觉醒状态，arousal），无论是醒着的时候还是在快速眼动睡眠（大多数人经历的栩栩如生的梦境都是在这期间发生）中。通过一些睡眠和清醒时的脑成像比较，发现多个位于丘脑（thalamus）、中脑（midbrain）和桥脑（pons）的神经核，是在任何有清醒意识的状态下都会激活的区域[1]。

---

[1] Rees, G., Kreiman, G., Koch, C., 2002. Neural correlates of consciousness in humans. Nat. Rev. Neurosci. 3, 261 - 270.

不过，过去的二三十年，意识神经科学的研究还是主要针对视觉意识的。比较经典也最著名的这方面的实验例子为多稳态知觉（multistable perception），例如纳克方块（Necker cube）[1]。如下图，左边的简笔画是有歧义的，会给人错觉，不知哪一面才是立方体的正面，或者说，我们看它的角度是略微俯视（右上）还是略仰视（右下）。

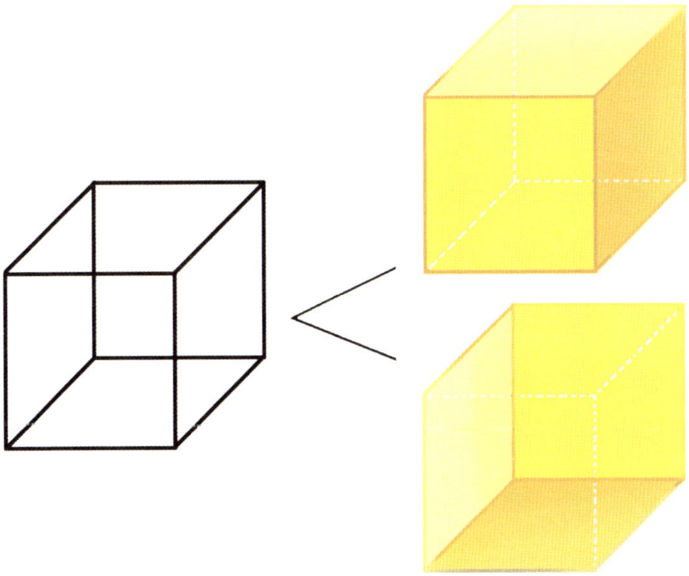

同时，科学家也通过对一些曾由大脑创伤导致一些认知功能出现问题的病患进行与意识相关的脑成像研究。譬如，把一个事物放在桌面上，患者却说看不

[1] Necker, L. a., 1832. LXI. Observations on some remarkable optical phenomena seen in Switzerland; and on an optical phenomenon which occurs on viewing a figure of a crystal or geometrical solid. Philosophical Magazine Series 3 1, 329 - 337.

见，但如果朝他眼睛来一拳头，患者却很灵敏地避开了，说明他能看到，但没有意识到。

另外一个比较广为人知的有趣实验就是由心理学家Gordon Gallup（戈登·盖洛普）在1970年设计提出的镜子测试，专门用来测试婴儿和动物的自我意识（或说，知道“自己”的存在）[1]。结果发现8个月大的婴儿就有了自我意识。而在动物之中，成年的黑猩猩、海豚以及章鱼也有自我意识。

虽然到现在我们对意识的物质性还无法完全理解，但从神经科学的角度来看，意识肯定是物质性的。它虽然看不见摸不着，却是因为大脑中实实在在的物质影响产生。如果亲爱的笛卡儿大神活到今日，不知他会怎样感叹呢？Our brain is smarter than us（我们的大脑比我们更聪明）。

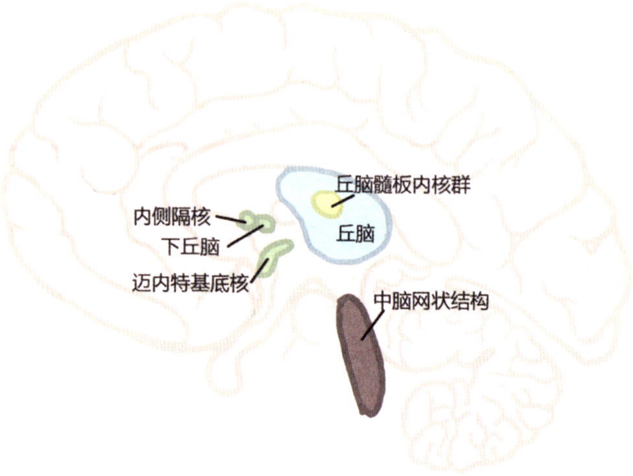

人脑中形成意识的必备区域。如果两个脑半球在图中任何一个标出的区域出现了损伤，就会导致完全丧失某一方面的意识。更为重要的是，这些区域也必须和大脑其他部位之间的联系保证完整正常，否则会导致某一种认知功能障碍（如视觉，视而不见）

[1] Gallup, G.G., 1970. Chimpanzees: Self-Recognition. Science 167, 86 - 87.

思考时，脑海里的那个声音是怎么产生的？

难易程度 

思考先于语言。

——伊藤计划《尸者的帝国》

你是什么时候注意到自己在思考的呢？虽然思考并非“不开口的自言自语”，但如果你特别注意思考的过程，不难发现，脑海里似乎有一个声音，而这个声音承载着你的思绪。在学术中，这个思考的声音叫“inner speech”，直译就是“内心的演讲”。

那脑海里说话的声音本身是不是“思考”？不是的。根据第一个研究它的俄罗斯心理学家 Lev Vygotsky（利维·维谷斯基）的概念，在脑海里说话是将语言作为自己与自己的沟通方式，换句话说，语言只是一个思考的媒介。而听到的那个声音，只是思考的一种展现形式。反过来思考，还没学会语言的婴儿会思考；天生耳聋、又不会手语或是任何一种口语的成年人类，也是会思考的；动物们也会思考。那么他们是怎么“思考”的时候“不在心中说话”的呢？

另一个有趣之处则在于，我们无法不将这个“内心的演讲”和“说出来的演讲（overt speech）”相比较。换句话说，脑海里那个声音和我们与他人交流用的语言之间有怎样的关系呢？譬如，“内心的演讲”和“自言自语”有多类似呢？

众多研究人员和研究认为，“脑海里说话”和“把话说出来”两种过程是基本一样的，活跃的大脑区域也是一致的，只是在活跃强度上，前者没有后者强烈，且没有将组织好的语言发送到运动皮层去动嘴皮子（以及咽喉、舌头、肺等等）这一步。

除了“说”，我也能听到我脑海中的声音。有科学家认为“内心的演讲”的作用在于，当你在说话的时候，脑海里的声音就像起着“预告提示”作用，减少了很多你对自己的声音的敏感度。这样你的听觉系统才会“避近就远”地注意外界的声音，即使对你的耳朵来说，你自己的声音非常洪亮。

但如果我已经想过“这句话”，为什么我还要“说给自己听”呢？这岂不是很浪费时间和大脑的效率？这一点我们实际上并不是非常明确。现在大致认为“说给自己听”对以下四个重要的认知活动有明显的优化作用（或说是个强有力的助攻），譬如说能够加强自我存在感，对智力的进化发展也有帮助，还能够对记忆的存储和提取，甚至对数学能力有好的影响[1]。

---

[1] 这方面推荐阅读的综述是：

Morin, A., 1993. Self-Talk and Self-Awareness: On the Nature of the Relation. Journal of Mind and Behavior 14, 223 – 234.

Atabati, M., Jahangiri, N., Mokhber, N., 2011. Inner Speech, Active Part of Working Memory Phonological Loop, Inactive in Dementia. Psychology 2, 624 – 630.

脑中那个声音是我的声音吗?

这一点我们并不是很确定。但是，你脑海中的声音是有你的口音的。

要研究这一点，还比较曲折，毕竟我们还没有办法通过脑成像来看这个人是新加坡口音还是美国口音。在使用英语的国家中，拥有不同口音的人，在阅读时，眼球运动的轨迹和节奏会有些不同。譬如说来自英国北部和南部的人，在读“玻璃（glass）”这个词时，拥有北部口音的人，元音发音时间较短，而南方人的元音发音较长。当他们被要求在脑海里朗读时，眼球在这些词上所停留的时间就会有不同。通过比较拥有不同口音志愿者的阅读习惯，会发现，阅读时在心里默念，也会有口音的特征。这从侧面显示出，在脑海里的那个声音和你的声音是相似的[1]。

[1] Filik, R., Barber, E., 2011. Inner Speech during Silent Reading Reflects the Reader’s Regional Accent. PLoS ONE 6, e25782.

H.M.是谁？

难易程度

H.M.（全名亨利·古斯塔·莫莱森，Henry Gustav Molaison）是世界上最有名的病人。

1953年，在他27岁时，为了治疗癫痫，他的大脑两侧的海马体和周围组织被切除。这个大脑区域位于大脑下方大概中央的位置，左右两边各有一个长得很像弓着腰的海马的部分，所以取了这么一个名字[1]。

虽然手术成功治好了他的癫痫，却留下了永久的后遗症：顺行性遗忘症。有这样的健忘症的患者，在手术之后不能再形成新的记忆，但他还记得很多手术前的事情，譬如他来自哪里、父母是谁，甚至小时候的经历也记得，但如果记忆比

[1] 海马体的英文是hippocampus，来自于拉丁语的“海马”。

较久远，他就无法想起细节了。

这个病例让我们对神奇的记忆有了管中窥豹的机会：海马体在学习和记忆的生成过程中起着关键性作用！

虽然这次手术严重影响他的记忆，但他的智商、语言能力、运动能力等并未受到影响。譬如说，让他学一种新的运动，如高尔夫球。通过训练，他可以学会挥杆等运动动作（因为他的小脑没有问题），但无论教他多少遍规则，即使每次他都能完全理解，但过几分钟就会忘记。

他在世的时候，因为个人信息要被严密地保护起来，负责研究他的两位首席科学家Brenda Milner（布伦达·米尔纳）和Suzanne Corkin（苏珊娜·科金）也被称为“看守人”。这两位科学家在他术后的50多年里，几乎每日与他相见，却每次都要重新自我介绍——因为H.M.基本上连个数字都记不住，甚至记不住被要求记过一个数字。

从27岁开始，他就是一名职业病人。在术后55年中，一直接受着不计其数的实验，帮助科学家更多地理解海马区在人类记忆的生成和储存系统中的作用。我们现在对人类记忆的知识很多都基于对他的研究。世界上所有的医学生都会学到他的病例，而直到2008年，他去世之后，他的名字才被公诸于众——Henry Molaison（亨利·莫莱森）。（你可以去网上搜，他颜值还挺高的。）

他去世后，大脑受到了和爱因斯坦大脑一样的待遇，在去世一周年那天，经过了整整三天的有史以来最为精密的解剖和死后分析。我是在他的大脑解剖手术过去后一年开始的本科学习，我记得当我们在学“记忆”那一课的时候，恰好他的几个切片（不知是真的还是只是拷贝）被送到伦敦来展览，恰好在学校隔壁，那天我们的课后作业就是去观摩他的大脑。

也正是因为他，海马体成为最有名也是过去五十年研究最为密集的大脑区域。

你脑海里能浮现出初恋的模样吗？

难易程度

闭上眼，回想一下，初恋的他/她长什么样子？在你的想象中，那个“图片”清晰吗？

要是不能回想起来，说不定是得了“幻象可视缺失症”呢。

大多数人会觉得，这葫芦里卖的什么药，这有什么难的，我甚至可以回忆起小学时每个同班同学的样子呢。但令人惊讶的是，有人就真的做不到，而且研究显示，比例高达五十分之一！简直太悲哀了有没有。（如果你的初恋是美好的话，是悲哀；如果不怎么美好，嗯哼，实际上忘记也挺好的。）

有中文媒体翻译这个“在脑海中看得见”的能力，叫心眼（mind's eye），那么心眼盲了的人就无法在脑海中可视化影像，这个症状才被正式记录下来，被称为aphantasia（幻想，白日梦）。现在还没有看到有中文翻译，这个词来自希腊词语phantasia（φαντασία，幻象），哲学家亚里士多德用它来描述脑海里浮现的影像，这词前面加了个a变成aphantasia，就是没有这个能力的意思。我姑且将它翻译为“幻象可视缺失症”。

关于这个症状的研究报告首次刊登在2015年6月的学术周刊《大脑皮层》上面[1]。2005年，一名65岁的退休建筑工头M.X. 专程去英国埃克斯特大学医学院找到了神经科学家Adam Zeman（亚当·泽曼），他告诉Zeman，在一个小的外科手术之后，他惊觉自己无法再在脑海里呈现影像了。

在此之前，没有任何书面资料记录相似的症状（就是现在，维基百科里也还没有这个疾病的信息）。随后，M.X.接受了一系列记忆力和视觉检查。

首先，他的记忆力并没有问题，而且和同龄人相比，他算是记忆力好的，而且他的问题解决能力也很优秀。其次，当要求M.X.识别名人的脸（很标准的视觉测试）时，他的大脑活跃部位和常人相同；但当给M.X.名人的名字，然后让他回忆这个名人的长相，相应区域却并没有被激活。但更有趣的是，M.X.却能够回答一些我们本以为会需要能够呈现影像的问题，譬如，英国前首相布莱尔的眼睛颜色，他住的房间里有多少扇窗子。

“这很奇怪也很难解释，我的脑海里想象不出来我的房间的样子，即使早上我才从房间里出来。”M.X.说，“但我就是知道事实，我知道窗户在哪里。”

2010年通过媒体的帮助，在5年里，神经科学家们联系到了20多名已经有相同症状的人，但重要的区别是，这20多名都是天生如此，而M.X.本来是可以呈现影像的，但因为手术失去了这个能力。

---

[1] Zeman, A., Dewar, M., Della Sala, S., 2015. Lives without imagery – Congenital aphantasia. Cortex.

先不说这个疾病到底是否会对患者有任何影响，或是对我们进一步了解视觉、记忆、想象、规划未来有多大的帮助，最不可思议的地方是（至少对我来说），这么久了，我们居然才知道有这样的症状，而且它压根不算多么稀有（2%）。想想都不可思议，神经科学里讨论这个“心智成像”多少年了，我之前在很多篇专栏里也常提到这个东西，我们一直都直接假设它为“每个人出厂设置都有的能力”，而有这个能力的大多数人，也压根不会意识到这个能力有多特别，就好像思考时脑海里能够听到一个声音一样。要不是因为那位病患做手术后发现不能再视幻象了，这个症状根本就不会引起我们的注意。

这里不得不再次提到“脑海里的声音”［或专业一点讲叫inner speech，（脑海）里面的演讲。］当我们思考的时候，都像是自己在和自己陈述或者讨论，和这里我们说到的，在脑海里呈现视觉影像有异曲同工之妙。那么会不会有人在思考时，没有那个声音呢？那他们的“思考”是如何呈现的呢？

我看到这个症状的时候，第一个反应是，可怜的娃儿，这些人岂不是从小学起，做几何题目就从来画不出辅助线？最后一道几何压轴题他们怎么做啊？他们怎么做梦呢？

等等，扯远了，我们还是回到这个“幻象可视缺失症”来吧。

其中一位志愿者，来自加拿大的25岁小哥说，他是在4年前和女朋友聊天时发现自己的症状的。他当时对女朋友记得某个人一年前的穿着而感到很惊讶，他女友说：“可以在脑海里浮现那个人穿着什么衣服的影像啊。”他说：“我没懂她在说什么。”后来他发现认识的人都能够在脑海里呈现影像，就被这酷炫的“脑内投影仪”深深震惊了。

开始我觉得没有这个投影仪可能也没什么大不了，大不了就是做几何压轴题的时候没法画辅助线嘛。但之后看到这位加拿大小哥说了一段话让我印象很深刻。

当知道其他人能在大脑中看到图像时，令他感觉难受的是，自从他的母亲去世后，他们之前的回忆对他来说几乎不可能追忆，虽然他记住了他们一起做的事情，但是从未有图像，在7年之后的今天，他几乎已经记不得她的样子了。而母亲的样子却还存在于其他人的脑海里。

如果你真的觉得自己也有这个症状，并想与相关科学家联系，请（英文）发邮件至：a.zeman@exeter.ac.uk （Dr Adam Zeman）。

睡着时，大脑在做什么？

难易程度

起初，科学家一直以为，睡眠时的大脑是没有活动的，基本处于“宕机”的状态。

第一个研究睡眠的人叫Eugene Aserinsky（尤金·阿塞林斯基）。1953年，当他在芝加哥大学读研究生的时候，为了测试一下新到的脑电图器械，晚上他把器械带回家。那天晚上他的宝贝儿子没有得到睡前故事，反而是满头贴满了电极，并这样进入了梦乡。在排除了器械故障的可能之后，Aserinsky意外地发现，睡眠时大脑还是一个不夜城！

随后他和他的导师发现，当我们在熟睡的时候，大脑会进入一个叫快速眼动睡眠期（rapid eye movement sleep，简称REM），一整个晚上，可能会进入这个状态好几次。这个状态非常有趣，因为，这个状态下的大脑脑电波看起来更像是醒着。在这个状态下，你的全身都不能活动（除了眼球和呼吸系统的肌肉），大脑中又会出现各种各样非常精细的幻象，也就是“梦”。除了这个状态，剩余的睡眠时间你都处于非快速眼动睡眠（即非REM睡眠）。整个睡眠时间中，REM占大概25%，非REM占75%。从非REM到REM再回到非REM，这就算是一个完整的睡眠循环，大概需要90分钟。也就是说，一般情况下，成年人需要一个半小时到两个小时来完成一个完整的睡眠循环。

与非REM相比，REM状态下，眼球运动加快、心跳加快（大概每分钟多10次）、呼吸加快，男性还会出现阴茎勃起的状态。（友情提示：喂喂，不希望看完这个回答，有些求知欲强的女青年大半夜不睡觉，拿着小探灯通过观察男友/老公的××来记录他的REM睡眠状态哦……睡眠中勃起并不等于进入REM状态了，也有可能是……）

那REM睡眠时大脑到底在做什么呢？很多神经科学家认为REM睡眠，或有可能“梦”本身，在记忆中起着很重要的作用。现在还没有绝对的结论，但有很多研究发现REM睡眠会使人在做一些视觉、听觉任务时表现（包括反应速度、准确率）明显更好。其中，最早、最有影响力的，要数以色列神经科学家Avi Karni（阿维·卡尼针）在《科学》上发表的一项研究[1]：志愿者被要求去识别屏幕上闪现的一条短线的方向。这个视觉任务很难，因为短线出现的速度非常快。每人需要做两次测试，分为四组：

---

[1] Karni, A., Tanne, D., Rubenstein, B.S., Askenasy, J.J., Sagi, D., 1994. Dependence on REM sleep of overnight improvement of a perceptual skill. Science 265, 679 - 682.

A.第一次和第二次测试之间没有睡眠：第二次测试结果比第一次好。

B.头天晚上做一次测试，睡觉之后，早晨再做一次测试：早晨测试结果明显比A组的第二次测试好（说明睡眠对测试有帮助）。

C.头天晚上做一次测试，睡觉之后，早晨再做一次测试，但REM睡眠状态会被打断：早晨测试结果没有任何进步（也就是说比中间不睡觉还糟糕）。

D.头天晚上做一次测试，睡觉之后，早晨再做一次测试，但非REM睡眠状态会被打断：早晨测试结果最好，比不打断的睡眠还好。

这个结果实在是有趣。也就是说，①睡眠能帮助任务表现；②千万不要打断REM睡眠；③但打断非REM睡眠任务会表现更好。

这里不得不提一下“睡眠中学习”。在20世纪美苏冷战期间，有非常多的这方面的研究，但后来都被证实是无效的。实际上神经科学的各类权威教科书也是这样强调的。大概3年前，《自然》有篇研究发现了反例。最近也出了些新的研究，证明有些声音人在睡梦中是可以学习的。这个比较复杂，有机会需要另辟一篇细讲，暂且不谈。

好了，咱们来到最无聊的部分——睡眠的神经机制。直到20世纪40年代，我们都一直以为睡眠是一个被动状态，或者说“如果打断正常的大脑感知活动，就会睡着”。这是个误区。

现在我们知道，睡眠实际上是一个非常活跃的过程，需要很多大脑区域共同合作来完成睡眠的循环。之前有谣言说什么晚上11点是肝脏的清洁时间、早上4点是皮肤的什么的，不知是谁写的，但现在科学还没找到任何证据。当然，有很多研究能证明睡眠和内分泌很有关系，但没有这样准确的时间表。当然，毫无疑问，睡眠和日常的身体健康密切相关，譬如与免疫系统也有直接关系。最好的例子就是，很多传染性疾病——譬如说流感——的症状就是头沉犯困，这是因为在得了这些疾病之后，血液和大脑的脑脊液中混有各种各样的化学物质，譬如说腺苷（adenosine），这是一种抑制性神经传导物，有促进睡眠的作用。

总的来说，睡觉就像孔方兄，没有它不行，有它却不能太多（太多了也有问题，譬如说所谓“每天要保证8小时睡眠”也不知道是什么时候传出来的。没有科学证据证明8小时最好），最好也不要在错误的时间有它（譬如你本来晚上就有些失眠，你还巴巴地白天去睡觉，那你就等着晚上看着天花板思考人生吧）。

为什么会做梦？

难易程度

我很喜欢做梦的感觉，它是个很奇特的感知。我做梦的时候往往都知道自己是在做梦，而且会下意识地去记住梦的细节。醒来后记下来，有时啼笑皆非，有时觉得很有深意，给生活带来不少趣味，但我一直非常困惑，人为什么要做梦呢？

研究做梦的学问叫oneirology（梦学），涉及心理学、神经科学、哲学甚至文学。但从亚里士多德时期到19～20世纪的精神分析学家（如神叨叨的弗洛伊德），最后到1953年发现快速眼球运动现象之后，有关oneirology的神经科学研究一直没有停止过。

那，为什么要做梦呢？生理的起因是什么？从进化角度上讲又有什么故事？科学家（以及伪科学家们，哼哼）已经提出了不少理论，都有些道理，也都有问题。我这里总结一下现有的十大“为什么做梦”的理论和假设。

一、满足你现实的愿望或欲望（wish fulfillment）

好吧……学心理学的勿喷。但必须得说的是，弗洛伊德大叔的“愿望满足”算是大众所知最有名的梦境分析理论了。西格蒙德·弗洛伊德是个心理分析学家。他分析了几百名他的病人的梦，然后得出了结论：你在梦中完成现实中的愿望和欲望。无论是怎样的梦，惊悚或是美好的，都是在直接或符号代表性地完成你潜意识中的强烈欲望。

举一个极端一点的例子，你和一个朋友最近有些矛盾 。有一天你做梦，就会梦到有人告诉你他出事故了或者你看到他被很恐怖地吊起来……虽然你根本没想到通过让他死来解决问题，但你的潜意识只是显示出你的一个愿望：你有点烦他，不想看到他。这个愿望你可能压根没有意识到。

弗洛伊德的这个理论在通过梦境分析来解决病人的心理问题上屡试不爽。但这个理论是不符合达尔文进化论的，很多科学家并不认为这就是做梦的原因。（我也同意。这个理论只能说梦境像镜子一样，或多或少显示了你的潜意识里的所思所想，但并不是梦的根源。）

二、只是在你睡觉的时候，神经细胞们随意地闹了一下：梦就是个没意义的副作用

你困了，躺在床上呼呼地睡着了，神经细胞们却没有睡觉这么一说。所以大老板睡了，神经细胞们就随意了。随意的意思是，它们并没有啥特殊任务要传递，但就是有的没的激活一小下，开个小差。于是，这便是另一个蛮流行的理论：梦实际上就是一个没什么意义的大脑活动，是脑干和边缘系统（limbic system，是主管情绪、感知和记忆的大脑系统）的神经细胞们无意义的活动的副作用而已。这个理论叫“激活－合成模型（activation-synthesis model）”，是精神病学家 Allan Hobson（艾伦·霍布森）和Robert McClarley（罗伯特·麦克拉利）在1977年提出并完善的[1]。说多了你估计也不想听，简单地说就是在睡觉的时候，这些神经回路激活了，产生了一些随机的神经信号，而大脑合成这些混乱的信号，并尝试着主观地去理解它们，结果就导致了各种奇奇怪怪的梦。

这个理论最有趣的地方在于，它似乎解释了为什么我们人类老是喜欢用讲故事的方式来理解这个混沌的宇宙。

如果梦真的是大脑尝试理解我们的大脑边缘系统所产生的一些随机任意的神经信号，那我们给予宇宙的种种“故事”就好像是白日梦一样。这就是我们理解、认识宇宙的方式。而这种方式是正确的吗？是真正客观的吗？这就值得考虑了。当我们大脑的硬件有致命缺陷时，我们所认识的逻辑和客观又是什么呢？

Hobson是这么解释的：

梦是我们人类最具有创意性的意识状态。它是混沌、随机的认知元素的结合体，它产生了一种新的信息形式：创意（或说新想法）。即使很多，甚至说大多数的这些新想法都是没啥意义的，但如果有那么几个是真的有用的，那么我们用来做梦的时间就没有浪费。

那也可以说，在一定程度上，梦是有意义的，有些梦里的创意是能帮助到我们的现实生活的。但这是万分之一、还是亿分之一呢？说不定我们醒来就忘了。

---

[1] Hobson, J.A., McCarley, R.W., 1977. The brain as a dream state generator: an activation-synthesis hypothesis of the dream process. Am J Psychiatry 134, 1335 - 1348.

三、梦就是记忆从短期存储到长期存储时留下的一闪而过的倩影……

2005年，张杰（音译）在一份线上论文[1]中阐述了他对梦的原因的理解。张杰的这个模型主要和记忆模型很有关系。他认为无论是醒着还是睡着，我们的大脑都在持续地储存记忆。但梦像是个暂时仓储，在睡着的时候，我们把记忆从短期存储区域，“搬运”到长期存储的区域。而这些记忆便在我们的脑海里，一闪而过，而梦便是这些记忆留下的影子罢了。

四、做梦是在巩固我们学过的东西

根据长期的经验和科学测试，“睡眠有助于记忆”一直是为人所知的。哈佛医学院的副教授Robert Stickgold（罗伯特·斯蒂克戈德）通过研究99名志愿者发现，午睡时如果做梦，会让人的记忆力增强数倍[2]，这一点和前面张杰的理论相似。这给“梦起着巩固记忆的作用”提供了理论基础。

两年后，一个关于精神创伤后的睡眠研究给这个理论提供了一定的支持[3]。

---

[1] Zhang, J., n.d. Continual-Activation Theory of Dreaming [WWW Document]. URL http://www.goertzel.org/dynapsyc/2005/ZhangDreams.htm （accessed 5.1.16）.

[2] Wamsley, E.J., Tucker, M., Payne, J.D., Benavides, J., Stickgold, R., 2010. Dreaming of a Learning Task is Associated with Enhanced Sleep-Dependent Memory Consolidation. Curr Biol 20, 850 – 855.

[3] Cohen, S., Kozlovsky, N., Matar, M.A., Kaplan, Z., Zohar, J., Cohen, H., 2012. Post-Exposure Sleep Deprivation Facilitates Correctly Timed Interactions Between Glucocorticoid and Adrenergic Systems, which Attenuate Traumatic Stress Responses. Neuropsychopharmacology 37, 2388 – 2404.

这个研究发现，在经历创伤后，如果马上就去睡觉，精神创伤将会更严重，而对创伤的记忆也更加深刻。所以，这个研究建议，当发生事故后，应该让受害者醒着，并不断和他们交谈数个小时，即使他们的确很难过，但在创伤后保持清醒，避免睡眠，将会有效地避免创伤记忆的巩固。

这个发现倒是非常有实用价值。以前遇到非常不愉快的事情，总是想着哭也没有用，回去闷头睡一觉就好了。从这个研究的结果来看，这样反而不好。事情发生后，应该快点把难过的情绪发泄出来，不要让创伤的记忆通过其他的方式无声无息地加深。

五、记忆的定期清理系统

1983年，Francis Crick（弗朗西斯·克里克）和Graeme Mitchison（格雷姆·米奇森）在《自然》上发表了个短文[1]，阐述了一个新的关于梦形成原因的猜测，叫“逆向学习理论”（听起来好像初高中补习班老师教的记忆法）。他们认为，做梦是为了将在白天建立起来的一些无用、不想要的神经连接去掉。换句话，梦就是记忆的定期清理系统。定期删除一些不重要、无用的记忆，把位置空给更重要的记忆。一句话，我们做梦就是为了忘记它。这符合梦的五大特性之一：梦是很难记住的。做了梦，反而不能记住它，就好像过了一遍就是为了删掉它一样。听起来就像是数据库一样，事实上，这个猜想就是受到了计算机的启发。不过，这不一定是真正的原因。

---

[1] Crick, F., Mitchison, G., 1983. The function of dream sleep. Nature 304, 111 - 114.

不知有没有人注意到第一作者Francis Crick这个名字有些眼熟，没错，这一位就是发现DNA结构的两人之一，是英国历史上最杰出的科学家之一。刚看到这篇文章时还以为是重名呢，没想到真是他。

六、装死?

到了最近，对于梦的作用的解释的画风变得越来越难以预料。2012年，一位瑞典科学家Ionnanis Tsoukalas（隆纳尼斯·索卡拉斯）认为人类做梦和动物们装死有相似之处，所以人类睡眠时就等同于其他动物的一个常见的防御反射“强制僵直”（tonic immobility，也可叫紧张性不动，实际上就是装死的学术说法）[1]。而装死是一种躲避捕猎者的原始方式，当威胁出现时，就会引起“战或逃（fight or flight）”的反射性反应，而在实际情况下，聪明的动物的反应是“战、逃或装死（fight, flight or faint）”。如果“睡觉时做梦”等于“装死”，那么“睡觉时做梦”=“活命的一种原始方法”，因此“睡觉时做梦”是一个进化优势。

七、危机模拟器

我看到这个理论的时候，笑了。说实话，亏得还有人想出这个理论。唉，人类想给梦找个理由，也是蛮拼的呢。

---

[1] Tsoukalas, I., 2012. The origin of REM sleep: A hypothesis. Dreaming 22, 253 – 283.

这个理论认为，梦实际上是一场演习，危机情况的模拟。白天的时候呢，生活环境比较恶劣，每天出门都有可能突然跳一个熊猫出来把你先祖给啃了，所以为了活命，能利用睡眠时间不断巩固学习，在大脑中自动演习危机情况的先祖们，才能一直活下来。

哇，这个技能简直是牛×。这个技能今天必须有啊，白天学一章，晚上睡觉时候在脑袋里做套复习题，第二天都不用巩固过关了，直接第二章接着。有此等神技，必成学神。嗯，这的确是个进化优势呢……

脑洞大开，梦里有个大喇叭使劲喊："这只是演习，这只是演习！赵思家你莫要慌！这只是演习！群众演员请按秩序去领盒饭！"

但如此美好的理论，有个大bug：没法解释为啥很多时候，我的梦里就只是在吃肥肠粉啊……啊，饿了……

八、少年，做梦是在锻炼你解决问题的能力

看到楼上的流言，哈佛医学院的一位叫Deirdre Barrett（迪尔·巴瑞特）的妹子，立马跟帖，说做梦是在锻炼现在青少年最要紧的能力——解决问题的能力（problem solving）[1]！看到这里，我瞬间感觉回到了五年前写大学申请文书的日子了："我不仅学术品德兼优，还有杰出的解决问题的能力，blah blah blah……"这个理由倒是符合达尔文的进化论。但是，未免太冠冕堂皇。

[1] Barrett, D., 1993. The "committee of sleep": A study of dream incubation for problem solving. Dreaming 3, 115.

九、达尔文进化论：梦就是一种想法的自然选择

心理学家Richard Coutts（理查德·库次）认为，“梦，是创意的自然选择”[1]。换句话说，人的大脑不断思考，有各种各样蛋疼和虽然看起来蛋疼但仔细想想可能还挺靠谱的想法，而梦，就是个试炼场，是想法们的自然选择丛林——只有最好的想法能脱颖而出。这和楼上那个锻炼解决问题的假象有些相似，不过听起来倒是稍微要靠谱些。梦最大的一个特点就是，它极具情绪化，往往有很强烈的情绪：担忧、恐惧、难过……而梦，可能就是一种教育方式，教会我们，在哪些情况下，我们应该有怎样的情绪、如何表现。这正好解释了为什么做完梦之后醒来，我们更倾向于感受到负面的情绪，如难过、怅然……

十、自我调节？负面的情绪变成符号？

1996年，Ernest Hartmann（厄内斯特·哈特曼），一位专业研究睡眠疾病的教授，提出了一个和楼上较为相反的理论：梦的作用并不是激进地去选择强调那些强烈的情绪或最有利的想法，而是个自我治愈的过程[2]。梦中，我们把一些情绪和一些符号联系起来，然后把这些情绪淡化，留在我们的成长经历中，这样我们就不会一直在情绪激动、心情起伏的状态下。这也是一种进化优势：先祖们通过这样定期的自我治愈，从各类创伤中坚强地生活、进化到今天。

---

[1] Coutts, R., 2008. Dreams as modifiers and tests of mental schemas: an emotional selection hypothesis. Psychol Rep 102, 561 – 574.

[2] Hartmann, E., 1996. Outline for a theory on the nature and functions of dreaming. Dreaming 6, 147 – 170.

不管你觉得哪个理论更有道理，反正这些都只是假设而已，说不定这些原因都不是，也有可能都是。所以问题还是没有解决：梦到底是一个自然进化的必然结果，还是一个神秘的意外之物？

无论怎么说，我们都在自圆其说，就像是在做梦一样。

真的可以睡觉时学习吗？

难易程度 

在哆啦A梦的道具里，小时候我最想要的就是“学习睡衣”[1]了。有了这个道具，即使是在睡觉时，也能边睡觉边学习，还可以完成作业。当然咯，我貌似没有野比世修那么好的玄孙，送个蓝胖子来给我改变人生。我只能自食其力，用知识改变命运了。

人的一生中有至少三分之一的时间在睡觉。如果能将这些时间运用起来，用来学习那实在是太好了。那睡眠学习法到底有没有效呢？

面对这样的流言，最好先知道它从何而来。20世纪初，一名美国的商人Alois

---

[1] 可能会有人对这个道具没有印象了，它是在《哆啦A梦·藤子大全集》第4卷第52页首次出现的。

Saliger（阿洛伊斯·萨利杰）发明了一个叫“心灵电话（Psycho-Phone）”的机器。这个机器实际上就是个录音机，买回家后，你录下“我很美”“我一定会成功”这样带有自我暗示的话语，然后在你睡觉的时候整夜播放。广告中说，自然睡眠和催眠是一样的，所以睡眠中听到这样的暗示会特别容易接收。《盗梦空间》的即视感有没有！

之后在冷战时期，这个没有被验证有效，但对于政治环境非常有意义的理论，便被大肆宣传开来。所以美国军方让美国的一所智库——兰德公司——去验证这是否有效，结果被一系列脑电图研究给否定了，当时的两位研究人员Charles Simon（查尔斯·西蒙）和Williman Emmons（埃蒙斯·威廉芒）在报告中陈述，睡眠学习是“不现实，且不大可能的”[1]。即使是成功学习到了部分信息，这一部分的信息也是在志愿者快要醒的时候。所以，“睡眠学习法”从此被科学家认为仅是商人和政治家的宣传手段罢了。

但是，也不能武断地说，睡眠对于学习没有任何作用。一系列的研究已经发现，睡梦会巩固记忆。拿最近的实验来举个例子，2014年，瑞士的科学家发现，在睡梦中听已经学过的新词汇可以帮助温习。他们找来将近70名从没有学过荷兰语的德国人，让这些志愿者在小睡之前学习120个荷兰单词（音频），学完后立马去睡，并在睡觉过程中播放之前学过的单词的音频。结果发现，即使志愿者并不知道睡觉时听到了哪些词，在睡眠中温习过的词明显有更高的准确率。

那有没有可能在睡梦时学习新知识呢？有的，但是现在发现只能学习非常简

[1] Simon, C.W., Emmons, W.H., 1956. Responses to material presented during various levels of sleep. Journal of Experimental Psychology 51, 89 - 97.

单的知识。在2012年，来自以色列魏茨曼科学研究所[1]的科学家在《自然·神经科学》上发表了这项发现，这是有史以来第一个发现在睡眠中能够学习新信息的研究。他们在志愿者睡着之后，在空气中释放特殊的气味（有的香喷喷，有的臭烘烘），同时播放一个极其简单的纯音[2]。其中一个纯音播放时，会伴随着香喷喷的气味，而另一个声音播放时，会伴随着臭烘烘的气味。

当我们闻到好闻的味道时，会下意识地增大吸气量；而闻到臭烘烘的气味时，吸气量相对较少。科学家发现，即使在睡觉时，志愿者也有相同的反应。更有意思的是，在停止释放气味之后，仅仅播放声音也会引起相同的吸气反应，和香喷喷的气味有关的声音会引起更多的吸气动作，好似志愿者知道声音和气味有关一样。这一反应在志愿者醒来之后也依旧未变。

这一定让你想起了心理学上那只著名的狗狗——巴甫洛夫的狗。那是古典制约（也就是条件反射）最著名的例子。在这里，狗狗换成了人，香肠换成了气味，铃声换成了纯音。这个实验证明了，人在睡觉的时候，可以学习这样非常简单的条件反射。

最近，又有实验发现，睡眠中我们可能还能做到更加复杂的事情，譬如判断听到的词汇的类别[3]。譬如说，你听到的词是动物（马）还是物体（书）？这个实

[1] 可能大家对这个研究所并不了解，但实际上魏茨曼科学研究所在很多科学领域都首屈一指。这个研究所是个大学，但它与德国的马普所类似，是以科研为主的研究机构，可以算是学术界最佳的工作地方之一。

[2] 纯音是指具有单一频率的正弦波，如音叉发出的声音。这种声音可谓是最简单的声音，在听觉神经科学中是很好用的实验信号。

[3] Kouider, S., Andrillon, T., Barbosa, L.S., Goupil, L., Bekinschtein, T.A., 2014. Inducing Task-Relevant Responses to Speech in the Sleeping Brain. Current Biology 24, 2208 - 2214.

验也是设计得非常巧妙。来自法国巴黎的科学家Sid Kouider（熙德·库韦德尔）和他的团队，先让醒着的志愿者做词汇分类：听到和动物相关的词就伸出左手按左边的按钮，如果听到与物体相关的词就伸出右手去按右边的按钮。整个实验过程用脑电图记录下来。因为左手的运动是由右半脑负责，而右手的运动是由左半脑控制，所以通过脑电图可以清晰地看到，当人听到动物相关的词有伸左手的反应时，脑电图的右侧更加活跃，而听到物体相关的词时，恰好相反。

接着，这些志愿者开始小睡，在熟睡之后，科学家们又播放新的一组词汇，也是有动物和物体。

通过脑电图，可以清晰地看到，熟睡着的志愿者在听到动物相关的词时，右半脑更加活跃，一如在用左手去按按钮一般；而听到物体相关的词时，左半脑更加活跃——就好像在睡觉时大脑还是在下意识地做之前的实验任务一般。这说明，在熟睡时，人是能够分别词汇的词义的，甚至能做睡前所做的相关的运动行为。

虽然这些睡眠实验听起来还挺简洁的，但真正实施起来非常辛苦。与Kouider一起实施实验的博士生Thomas Andrillon（托马斯·安得利昂）年初来我们实验室交流访问，给我们讲了很多做实验过程中的困难。在志愿者睡眠的过程中，科学家要一直盯着脑电图，记录下志愿者进入不同睡眠阶段的准确时间，并掐好时间播放声音。

实验之后的分析过程也是颇为心酸，毕竟醒着和睡着的脑电波是很不一样的。但这些辛苦还是值得的。

不过话又说回来，即使这些实验给我等懒人带来了温暖的曙光，我还是不太建议你在考试前那晚整晚给自己循环播放英语单词。在实验室里，环境、声音音量、每个人的睡眠情况都被精密地监控着。如果因为一晚上都听着单词而影响了睡眠，那绝对是得不偿失。学习没有捷径的，加油吧少年！

贫穷，可能会影响孩子的大脑发育

难易程度

平等，是一个被社会人士和政客讨论了很多年，很大张旗鼓，但都是“说得多，做得少”的话题。

对神经科学家来说，问题貌似不只是“让每个人都得到平等的机会”而已，2015年，来自哥伦比亚大学的Kimberly Noble（金伯利·诺布尔）和来自洛杉矶儿童医院的Elizabeth Sowell（伊丽莎白·索维尔）以及其他来自9个不同大学的研究人员，共同在《自然·神经科学》上发表了论文《家庭收入、父母教育水平与儿童和青少年的大脑

---

[1] Noble, K.G., Houston, S.M., Brito, N.H., Bartsch, H., Kan, E., Kuperman, J.M., Akshoomoff, N., Amaral, D.G., Bloss, C.S., Libiger, O., Schork, N.J., Murray, S.S., Casey, B.J., Chang, L., Ernst, T.M., Frazier, J.A., Gruen, J.R., Kennedy, D.N., Van Zijl, P., Mostofsky, S., Kaufmann, W.E., Kenet, T., Dale, A.M., Jernigan, T.L., Sowell, E.R., 2015. Family income, parental education and brain structure in children and adolescents. Nat Neurosci.

结构》[1]。他们用核磁共振成像扫描了多名 3～20岁的儿童和青少年，发现家庭在收入和教育上的差异会直接与正在发育的儿童和青少年的大脑大小相关。

在此之前，大家心照不宣地认为，虽然成功不论出身，但不同的家庭环境是肯定对个人性格和才能有极大影响的。富有的家庭更容易给孩子提供音乐、语言、艺术、运动等专业训练，很多这类专业训练已经被公认为越早学习，越会让孩子得到长期甚至能够终身受益的认知优势。但我们对大脑发育和个人发展的这些认识，①更多还是主要在心理上；②不可控的因素极多，几乎生活的方方面面都会成为重要的影响因素；③贫穷是个很难准确定义的词，不仅全世界各处的"贫穷"的差别很大，而且涉及人群极广；④虽然都想弄个大新闻，但是很少有科学家有种发表这样的实验结果。

在这个研究中，科学家将小孩的大脑面积（把所有的沟回平铺）与两个家庭因素（父母受教育水平和家庭收入）做了非常细致地分析。结果发现：

· 第一种情况，父母受教育水平（以学历年数，不包括留级）和小孩的大脑面积成明显的直线相关，特别是在语言、阅读和执行能力上特别明显。粗略估计，只有高中文凭的父母的孩子比读过大学的父母家庭的孩子的大脑面积少3%。

· 第二种情况，家庭收入（年收入，从每年5000美金到300,000万美金）与小孩的大脑面积虽然不是直线相关，但从最低的收入区间起，每个收入增长台阶，相对应的小孩的大脑面积都会明显升高。对比收入25,000和150,000美金家庭的小孩，前者大脑面积比后者少 6%！

之前，有实验表明来自社会经济地位高的家庭的孩子在一系列的认知测试上更优秀[1]，包括IQ、阅读、语言以及注意力，但那些研究都有一个问题，没有在人

[1] Hackman, D.A., Farah, M.J., 2009. Socioeconomic status and the developing brain. Trends Cogn. Sci.（Regul. Ed.） 13, 65－73.

种上做区分。而在这个研究中，研究人员控制了种族和民族的因素，发现这些因素对于结果没有明显的影响。

这些科学家分析，较低的社会经济地位的家庭会带给孩子家庭压力，更有可能接触到有毒物质（譬如说毒品、烟酒或卫生问题），或是营养不良，这些问题都会直接抑制大脑发育；而富有、父母教育水平更高的家庭，孩子更有可能得到认知激励的机会。

大脑发育是个很长的过程，从婴幼儿到青少年，虽然变化逐渐变小，但发育依旧持久。在此之前，从没有神经科学家做过这么大的儿童大脑与家庭背景的对比的核磁共振成像实验。但要说明的是，这个实验的结果只代表一个地区，而且也备受争议。所以，在题目中我也用的是“可能”这个词。原本我并不打算将这篇文章放入本书中，但我猜，拿着这本书在阅读的读者中，一定是以社会、经济为职业背景的人。我一直以为，“贫富差距”这样的社会问题和神经科学没什么关系。虽然这个实验不是一个很好的例子，但至少能够说明，已经有神经科学家在做一些尝试，而且这个研究或多或少能够看出，社会家庭对孩子的影响，绝不仅限于性格塑造、能力培养。

这虽然不是一个我们想看到的结果，但希望能敲响警钟。两极分化导致的可能不仅仅是现阶段的社会问题，很有可能对未来人类发展有更基本的现在难以想象的影响。国家政策，即使不是在医疗、教育上，也会对下一代的人类产生无限种可能。这不是“提供更好的机会”的问题，而是“减少根本性的差别”。

不过，话又说回来，对个体来讲，这篇论文没有任何参考价值。回到日常生活中来，成为怎样的人，过上怎样的生活，完全是自己的选择。

大脑里的GPS：2014年诺贝尔医学奖

难易程度

小学数学几何头几堂课就学过，点、线、面、角度。确定一个点的位置，需要知道它离坐标轴有多远，从一个点到另一个点，需要知道方向和距离。

以前没有 GPS 的时候，到了一个新城市就得去买地图，好的地图一般都有网格，横纵坐标标示清楚，方便寻找和记录。展开地图，先看到的是整个城市的轮廓，然后确认东南西北四个方位，找地标。当我拿着地图站在城市这个环境中时，我会先找到我现在所站的位置：这个位置离边界有多远？在城市的哪个方位？然后确认我想去的地方，应该往哪个方向走？走多远？

当你手握地图努力分析的时候，你的大脑也在看地图。这个地图是由数种负责探测不同定向特性的神经细胞组成的。最基本的四个单位细胞：

· 负责识别身处的位置的“定位细胞”（place cell）；

· 负责打坐标轴、画网格的“网格细胞”（grid cell）；

· 负责识别方向的“定向细胞”（head direction cell）；

· 负责了解相对距离，如离城市的边界有多远的“定界细胞”（boundary vector cell）。

对我等路痴来说，认路、记地图真的很费脑。因为定位和指引路线这样的认知过程需要不断搜寻过去存储的记忆，还要不断学习、分析判断。每一个步骤都需要很复杂的大脑认知功能，譬如说记忆、学习，传递视觉、听觉信号等等。你可以把这个复杂的过程想成有一个小人不断在大脑的各个部门搬运盒子，一会儿去海关（通往外界世界的海关——听觉、视觉、触觉等感官）问问看到听到了什么，一会儿去记忆仓库翻翻记录，又要拿着装着记录的盒子去给学习培训中心分析看看历史记录和看到听到的内容有没有关系，再回到仓库去找其他的……没完没了，就好像是计算机硬件里编译器的那个小人一样！

仅仅从这样简单地分析就不难猜到，大脑定向系统和学习、记忆一定有非常重要的联系。1971年，O'Keefe（奥凯弗）作为率先研究海马区在空间定位认知的先锋发表了论文，称发现“定位细胞”[1]。就此大家才晓得，海马区在空间记忆上还有特殊作用。从此，多少神经科学家，携手共进、拖儿带女地冲向空间定向这个神经科学研究领域。

“点”——定位细胞（Place Cell）

我在哪儿？我来过这里吗？

定位细胞：“由我来辨识本体的位置。”

在小白鼠的海马区里，插一根记录单个神经细胞的电极，让小白鼠在一个开放式的实验区域自由地跑动，同时记录神经细胞的电活动状态和小白鼠跑动的路线及位置。O'Keefe发现，当小白鼠跑到实验房间的某个地方的时候，海马体内的某一个特定的神经细胞A就会激活，而周围的其他细胞处在抑制状态；而跑到其他地方的时候，这个细胞A就会抑制，另外一个细胞就会激活。这种对自身在环境中所处位置而产生对应反应的神经细胞，就是位置细胞。而每个位置细胞所对应的实际位置区域便被定义为这个细胞的定位野（place field）。

通过一系列的实验，O'Keefe推测，这些定位细胞组合在一起，形成了一个认知地图（cognitive map）。通过和其他在海马体内以及周围区域的神经细胞一起合作，定位细胞群如同一张满是地标的地图。不过，定位细胞本身在脑中所在相

---

[1] O'Keefe, J., Dostrovsky, J., 1971. The hippocampus as a spatial map. Preliminary evidence from unit activity in the freely-moving rat. Brain Research 34, 171 - 175.

对位置与对应的定位野并无直接联系，也就是说，两个相邻的位置细胞可能所对应的实际地理上的定位野并不相邻。

因此位置细胞不仅仅对个体“意识到在哪儿”方面有重要的作用，更对“记住并回想这里是哪儿”和“是否来过这里”有重要作用。

“网”——网格细胞（Grid cell）

我在环境中的哪儿？

网格细胞说：“不慌，让我先教你们怎么看坐标轴。”

因为很多海马体里的神经细胞都是与旁边叫作内嗅皮层的大脑区域里的细胞相连，对于海马体，内嗅皮层就像是物流中心的总派送点。通过近20年的不断寻找，Moser（莫泽）夫妻俩发现，那里有一群细胞，和海马体中的定位细胞一样，对特定的位置区域有反应 。不同的是，那些细胞显示出更高的秩序性。

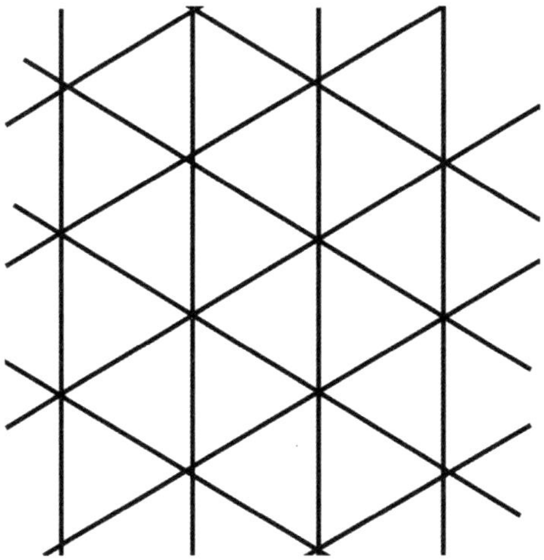

网格细胞是个六边形花纹爱好者

当把小白鼠放在一个更大的活动范围中，并记录下他们在不同位置时，内嗅皮层中的细胞激活情况，结果发现，小白鼠跑到某些特定的位置时，这个细胞就会激活，而这些位置如网格般整齐地排列。将这些位置连接起来，便会形成下图中那样的图案。换一个细胞，会发现，还是一样的六边形花纹，但是边的长度不同了。

无论小白鼠怎么埋头瞎跑，这细胞一直都默默地按点激活。在你瞎跑的时候，这些个细胞也在你的大脑深处默默地记录你的坐标。无论是神经科学家还是数学家，都被这种细胞彻底惊呆了。 于是这种细胞被命名为“网格细胞”，即默默地画格子的细胞。虽然对这种细胞的机理还有争议，但普遍认为它是通过“多个细胞的叠加来确定位置”的，这和我们常用的坐标轴有区别，但总的来说作用非常相似。

“方向”——定向细胞（Head Direction Cell）

有了点，有了坐标轴，我们可以来画线了。等一下，往哪个方向画？

“向前看齐！”定向细胞如是说。

定向细胞是一种当动物的头朝着特定的一个方向时便会激活的神经细胞，被认为是定向系统中负责方向的细胞。一旦这种细胞被激活，就会一直维持在同样状态，直到动物把头转向大于45° 角的另一个方向，它才会回到常态[1]。

[1] Taube, J.S., Muller, R.U., Ranck, J.B., 1990. Head-direction cells recorded from the postsubiculum in freely moving rats. I. Description and quantitative analysis. J. Neurosci. 10, 420 - 435.

定位细胞在海马体里，网格细胞是在临近的内嗅皮层里，而定向细胞分布在大脑的多个区域，但就是不在海马体。另外定向细胞和负责感知自身运动状态和平衡的前庭系统有很多联系。

虽然方向细胞负责方向的认知，但定向细胞其实跟地磁场不熟！所以它并非指南针。

“距离”——边界细胞（Boundary Cell）

好，知道方向了，可要走多远呢？

“蠢货，让我告诉你‘世界的尽头’在哪里！”边界细胞如是说。

某天，O’Keefe和Burgess（伯吉斯）教授注意到，当小白鼠所处的实验环境等倍增大时，位置细胞所对应的区域也会等倍地往环境边缘平移[1]。譬如，在一个小的正方形环境里，小白鼠的位置细胞A对应的是东北角，当把小白鼠放进一个更大的正方形环境里，位置细胞A对应的还是东北角，但这个东北角就比之前的那个位置更东北了。

为了解释这个现象，他们建立了一个叫“边界向量细胞”（Boundary vector cell，简称BVC）的模型[2]，来看看当环境的大小和形状改变时，位置细胞是怎么通过对外界的感知来判断位置的。就此，O’Keefe和Burgess就预测，大脑里有这

[1] O’Keefe, J., Burgess, N., 1996. Geometric determinants of the place fields of hippocampal neurons. Nature 381, 425 - 428.

[2] Hartley, T., Burgess, N., Lever, C., Cacucci, F., O’Keefe, J., 2000. Modeling place fields in terms of the cortical inputs to the hippocampus. Hippocampus 10, 369 - 379.

种细胞，并命名为“定界细胞”（boundary cell，又叫boundary vector cell，还叫border cell），对环境的轮廓产生反应。且每个边界细胞对应着距离边界不同距离和不同角度的相对位置。没过多久，陆陆续续就有其他实验室发表论文，声称在大脑多处发现了这种细胞[1]。实际上定界细胞也不晓得绝对距离。但可以认为，是它告诉了小白鼠“这个世界的尽头”，通过了解一个环境的边界，便可以知道相对的位置。

新发现：人类的定位系统

上面聊到的所有实验，都是在实验小白鼠上做的细胞神经生理学实验。其实，大脑定位系统的研究早已不止于此。特别是在近20年，脑成像技术的发展也在技术上支持了很多对正常人类的大脑定向系统的研究。最近比较有名的一例很有趣，和伦敦出租车司机有关。

看过BBC福尔摩斯“卷福”的应该晓得，伦敦的街道、地标都极其密集。要成为伦敦出租车司机，必须参加长达3~4年的严格培训，叫“the knowledge”，其间需要记住25,000条街和20,000个地标建筑，并参加一系列的考试，以保证出租车司机能够在没有地图帮助的情况，快速选择最快捷的一条路。可以说，伦敦出租车司机应该是世界上最会认路的一群人。

2011年，通过分析78名刚刚结束4年认路培训的男性司机的大脑核磁共振成

[1] Lever, C., Burton, S., Jeewajee, A., O’Keefe, J., Burgess, N., 2009. Boundary Vector Cells in the Subiculum of the Hippocampal Formation. J. Neurosci. 29, 9771 - 9777.

Hartley, T., Lever, C., Burgess, N., O’Keefe, J., 2014. Space in the brain: how the hippocampal formation supports spatial cognition. Philos Trans R Soc Lond B Biol Sci 369.

像[1]，并与4年前他们在接受培训前的脑成像扫描对比，发现其中的39名最终通过考核的司机的海马区灰质明显增多。而不是出租车司机的普通人，以及同期参加培训但没有通过考核的人，他们的大脑并没有这个显著变化。

随后的研究又发现，这39名通过考核的司机，在学习新的视觉信息时，比常人要差很多。这可能就是得到强大的认路能力的代价。看到这里，路痴们应该都在偷笑吧。

一点点感想

自从2005年网格细胞被Moser夫妇发现，我们就一直期待着O’Keefe拿诺贝尔奖（“我们”指我们学校研究神经科学的同志们）。失落了一年又一年，终于，2015年尘埃落定。

我恰好是O’Keefe所教的最后一届学生。在我读本科的最后一年春天，从教室出来，O’Keefe正好顺路与我一起闲聊，他说以后不再教书，最近他开始对情绪脑[2]非常感兴趣，所以准备把剩下的时间用在开始新的研究方向。真是很有感触，他2014年已75岁，还一如既往充满干劲。对O’Keefe个人而言，这个诺贝尔奖是一个对他前50年的研究的肯定和嘉奖，是一个圆满的句号，同时也是一个新的开始。

---

[1] Woollett, K., Maguire, E.A., 2011. Acquiring “the Knowledge” of London’s Layout Drives Structural Brain Changes. Curr Biol 21, 2109 – 2114.

[2] “情绪脑”又叫“哺乳脑”，负责处理我们的情绪反应。大脑是逐渐进化而成的，每一个成长阶段，都会分化出一个独立的部分，每一个独立部分都对应大脑里的某个区域。最早出现的叫“爬行脑”，其次出现的叫“情绪脑”，最高层叫“思考脑”，也叫“理性脑”。——编者注

时间都去哪儿了？

难易程度

过去的时间并未过去，未来的时间也并非还未存在。过去、未来和现在以同样的形式存在。

The past is not gone, and the future isn't non-existed. The past, future and the present exist in the exactly same way.

——Max Tegmark（MIT）

时间都到哪里去了呢?

这个问题在物理学家和神经学家的最佳搭讪话题中妥妥地能进前十（亲自体验，评分有保证）。

我非常喜欢上面这一句话，这位来自MIT的物理学家非常简单地从物理学角度解释了不同时间所存在的状态。

每次想到时间，自然而然会想到爱因斯坦的名言：时间是个错觉（Time is an illusion）[1]。

“为什么恐惧时时间会变慢，快乐时时间会变快？”

作为一名小小的神经科学学生，物理方面我可不擅长，咱们还是回到神经科学吧！

先来个简单的实验，离开电脑，面对镜子。左右转动眼珠，先看着镜中你的左眼，注意力集中地看一会儿，然后看右眼，看一会儿后，再看左眼。来回几次。

问题来了，你不会看到你眼珠转动的过程。但是，将视线从左眼转到右眼，这个转动的过程是需要时间的。

那么这时间到哪里去了呢？

为什么中间没有看到转动的过程，却没有感到任何空隙呢？

大脑忽悠了你，它将眼珠左右转动这样很复杂的场景，简化成“我的眼睛一直直视前方”这样极其简单的事件。

---

[1] 爱因斯坦的原话是：People like us, who believe in physics, know that the distinction between past, present and future is only a stubbornly persistent illusion.（像我们这样信仰物理的人都知道：过去、现在和未来的区别仅仅只是一个顽固坚持的错觉罢了。）这是爱因斯坦在挚友Michele Besso（米给雷·贝索）去世之后，写给贝索的遗孀的一封信中的一句话。信中他说：“贝索已经早我一步离开这个奇怪的世界，而这并不代表什么。像我们这样信仰物理的人都知道：过去、现在和未来的区别仅仅只是一个顽固坚持的错觉罢了。”这成为爱因斯坦对时间的看法的名言之一，也常被写为“Time is an illusion”（时间仅仅只是一个错觉）。

参考文献：Giorbran, G., 2006. Everything Forever: Learning To See Timelessness. Enchanted Puzzle Publishing, Seattle, WA.

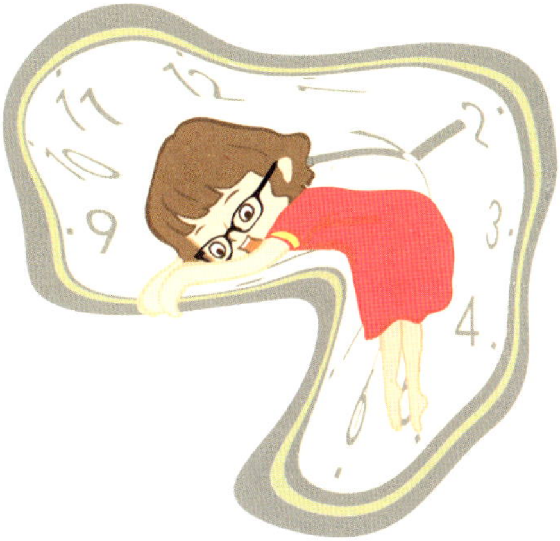

时间感会在特定的状态下产生幻觉，或是会产生不真实的认知，譬如说本来时间一样长，但是在某些情况下，人会觉得时间变慢了，有时却觉得变快了。这些时间错觉（temporal illusion）和我们熟知的视觉幻觉能够帮助科学家了解时间感背后的神经机制。

从19世纪中叶开始，由于受到实验心理学家的影响，心理物理学家开始研究感知到的时间（perceived time）和物理上测量的时间（time measured in physics）之间的关系。和其他感知不同（如味觉、嗅觉、触觉、视觉和听觉），我们并没有感觉到时间。

实际上，时间感是很多不同的认知感觉聚集一起所呈现的。当大脑得到新信息时，这个新信息并不一定是按照正确的顺序到达大脑的。大脑需要重新排序然后呈现给其他部分的大脑区域，使得我们能够理解。

正是因为如此，当我们接触到新工作、不熟悉的信息时，大脑需要较长的时间分析排序，所以会给人一种时间变长的感觉。而接触比较熟悉的信息时，整个过程非常短暂。

另外，没有一个单独的大脑区域负责时间感，这就和其他的感知，如听觉、视觉区分了开来。

所以，在同一时间点，大脑接收到越多的信息，就会需要更多的时间来分析。那么，当我们处于危险或者特别无聊的时候，大脑会特别“用功”地去采集身边的各种信息，这时，信息量会特别大，这样我们会感觉时间好像被拉长了一样，流逝得更慢了。

注意力（attention）是影响时间感最重要的因素之一。

它对于时间感的作用，被认为是影响时间间隔长度的感知（the perceived duration of intervals）。换句话说，当你将注意力集中在时间上，时间会变慢，当你分心了，时间会变快。

如前面所说，现在还没有发现一个单独的特别区域是主要控制时间感的。但近20年的脑成像实验（EEG-fMRI）显示，最主要的是小脑（cerebellum）和基底核（basal ganglia），而这两个部分都和运动、记忆、情感和学习联系非常紧密。

上瘾，到底是怎么一回事？

难易程度

奖励系统，吃喝嫖赌都怪它。

究竟是什么推动了人的进步？不同领域的人肯定会有不同的答案。但在我的眼里，一切的一切，都是因为我们的欲望。有欲，有望，才有不断奋进的动力。

欲望从何而来？可能有人说，从金钱、权利、美色……要我说，大脑里的奖励系统才是真正的欲望之源。

奖励机制就像是油门，行驶靠它启动，但一旦出了问题，就如追尾时不小心踩了油门，就变成了“瘾”。

我没抽过烟。别瞧我从来没有抽过烟，瘾我还是懂的，因为我以前特别喜欢吃麻辣小龙虾。欸欸欸，你别笑，麻小怎么了，对神经科学家来说，不管是对什么上瘾，烟、毒还是麻小，都是换汤不换药，道理都是一样的。

瘾，到底是什么？就是“不做这件事儿（即使知道这件事儿不好），我就会一直浑身难受”，一旦让我满足了心愿，那舒坦劲，比什么都灵。标准地来说，瘾是指一种重复性的强迫行为，即使知道这个行为会有不好的影响，也还是难以停止。就像是产生了一种依赖，而被依赖的“某种东西”可能是物质性的，譬如说，烟（或专业点讲尼古丁）、酒、药物，也有可能是非物质性的，譬如说性、网络、赌博等等。瘾到底是怎样影响了大脑？瘾上来的时候，简直像是变了一个人，心情烦躁、注意力不集中，就是非常想去把这个小小的但很强烈的愿望给完成了。譬如说麻辣小龙虾吧，在我没见过它之前的10年，我也过得好好的，而就是一次不经意的回眸，便让它如影随形。那到底是什么被改变了呢？

上瘾说到底是什么呢？就是大脑的奖励系统（reward system）出现了问题。奖励系统是很多个相互连接的大大小小的大脑区域，主要位于大脑里面中央偏下方和脑门的位置。说通俗一点，大脑好比一个公司，而奖励系统就像是一个负责刺激工作效率、确保全公司士气饱满的部门。当然啦，在大脑这个有着860亿名员工的公司里（每个员工就是一个神经细胞），有些员工，甚至整个办公室、整个部门都身兼数职，非常繁杂。而在“奖励系统”这个部门里，有些员工也在“情绪”部门里身兼要职，还有些员工来自公司的管理层“决策系统”（决定喜欢还是不喜欢、吃还是不吃……），还有些外事员工（就是常常需要与身体的其他部位沟通，进而控制肌肉运动、呼吸、心跳等），等等。

虽然工作繁杂员工巨多，但员工之间沟通非常有效，而且一环套一环。在“奖励系统”这个部门里，你会常常听到“多巴胺”“乙酰胆碱”这些名字，它们是各种各样的神经递质。这些神经递质就好比是有不同印章的官方文件，当一个员工将一份文件传给下一个员工时，只要一看这个印章，什么话都不用说，就知道要做什么、下一个要给谁。“多巴胺”也常常被科普成“快乐分子”，因为它和愉悦这种情绪的产生有很重要的关系；而“乙酰胆碱”在大脑的教育部门有很重要的作用，肩负着让大脑有学习能力的重任。

吸一口烟，从肺进入血管，融入血液，迅速地顺着血液带到大脑，并穿越血脑屏障；整个过程只需要10秒钟，让尼古丁消失却需要两个小时。在这两个小时里，你以为尼古丁会安安静静地坐在一处等待这两个小时过去吗？巧的是，尼古丁长得很像“乙酰胆碱”，于是常常鱼目混珠，让一大片的员工误以为“吸烟”这个行为就是这期的学习任务，同时尼古丁还会间接地让相关部门生产更多的“多巴胺”。越学越快乐，这是个怎样的体验啊！那学习效率更高了，越学越想学。每吸一次，就是巩固和温习。久而久之，“吸烟是个愉快的体验”就被每个员工深深地牢记在心中。

直到有一天，走在昏暗的路边，你看着手里早上才买、现在却空空如也的烟盒，思索到底什么时候开始有烟瘾了呢？这时候，即使大脑管理层决定不再抽烟了，也很难改变“奖励系统”员工们的习惯。

瘾，在大脑里不是一个开关，更像是一个错误的行政规则。当然，尼古丁对大脑的影响不止于此。这里我就不多恐吓大家了。说的大家都懂，但我觉得人家一直忽视或是误解了一点：不管你心中有多么的坚定，这根抽完就不会再抽，但这绝对不会是最后一根烟，而且相反地，这根烟会让瘾更加牢固。因为没人是真的因为第一根烟就好得不得了才上瘾的，它是一个重复性的行为。只要还惦记着这一根，就一定会有下一根。改变不应该从下一根烟开始，而应把上一根烟作为最后一根。

但是，成瘾不仅仅与化学成分影响大脑功能这个过程有关，还与人所处的环境有关系。荷兰社会心理学家Peter Cohen（皮特·寇恩）认为，我们人类最基本的需求是“连结”彼此。当我们又健康又开心时，我们会建立和加深我们与身边的人的关系；当我们心中有事或有来自生活或工作的压力，又不能与身边的人建立起连结时，为了舒缓压力，我们可能需要与某物“连结”，这可能是香烟、毒品，也有可能是网络、赌博。如果健康、家庭、事业、感情样样顺利，每早去公园里晨跑，或是睡个懒觉后，与所爱之人一起在慵懒的早晨享用美味的早餐，和儿子一起到草坪上踢踢足球……在这样幸福舒适的生活中，哪里还有“瘾”的位置？

有时我在思考，有些朋友在每次抽烟被发现时，身边所爱之人的应对方法都是给予一些惩罚。这到底是不是一个正确的方法呢？戒瘾，仅仅只是与香烟断掉“连结”吗？上瘾的机制非常复杂，全世界有很多各个领域的科学家在通过不同方法来研究它，但现在我们对上瘾的了解，还只是管中窥豹而已。正因如此，要反过来治疗它，或说“戒”瘾，过程一定不会是一扫无忧、轻轻松松的。

戒烟，不仅仅需要自己的意志力，还需要身边亲友的关心和鼓励，更需要一个更健康的生活方式。

“恐惧”从何而来？

难易程度

不少读者应该看过美剧《别对我说谎》（*Lie to me*）吧？那应该算是心理学剧集的鼻祖。片里的主角卡尔·莱特曼博士通过分析被观察者的肢体语言和微表情，从而判断被观察者是否在撒谎。而卡尔·莱特曼博士就是以美国著名心理学家Paul Ekman（保罗·艾克曼）为原型的，准确地说，片子里的主要故事情节都来自艾克曼的研究。

而艾克曼最出名的就是他在1972年提出的基本理论：即使是不同文化、不同民族，人类群体中的表情也具有很高的一致性，而最基础的情感为六个：高兴、悲伤、惊讶、愤怒、厌恶、恐惧。

不同的表情代表着不同的情绪，要识别表情，就得理解什么是情绪。人的大脑是怎么理解、表达情绪的呢？大脑中，负责情绪的区域不仅仅是大脑的某一处，而且是由一个系统负责，叫做边缘系统（limbic system）。这个系统同时也与其他的认知功能有莫大的关系，如行为、动力、识路、短期记忆以及嗅觉。

在这个系统里，对我来说，最有趣的就是杏仁核（amygdala）了，这个区域在脸部识别中特别重要，当人看到不同的脸时，杏仁核的大脑活动增长最为明显。更有趣的是，杏仁核对“恐惧”这样的消极情绪的情感识别有非常重要的作用。

恐惧是如何产生的呢？一种情况是，当进入大脑的血液中二氧化碳含量大幅度增加，杏仁核检测到血液的酸性升高，便会引起人的恐惧和惊慌感。为什么恐惧和二氧化碳有关系呢？这也算是一种反应机制吧。当人窒息时，血液中含氧量降低、二氧化碳会积累，这样血的酸性便会升高。窒息是个很令人恐惧的事情吧，很要命吧？当人窒息的时候，你得恐惧、挣扎，然后尽力逃脱吧？人并不是非要体验一把窒息，才知道呼吸不畅是“需要避开”的。因为恐惧，智商高的我们就知道，我们要离窒息的环境、情况远远的，因为那是令人恐惧的。

最近“恐惧”成为一个非常火爆的研究，甚至让整个情感神经科学（Affective Neuroscience）或情绪脑（emotional brain）都变得热门了起来，这还得归功于2010年发现的一个神奇的病例。

病人的名字缩写为S.M.，是一名45岁的白人女性。她在大约2010年的时候因为一氧化碳中毒，导致了一种极其罕见的名叫类脂蛋白沉积症（Urbach-Wiethe disease）的疾病。患有这种疾病的人，大脑的杏仁核会硬化并且失去功能。在大脑两半的杏仁核都失去作用后，S.M.在看很恐怖的恐怖片时也没有任何恐惧的感觉，研究人员带她去世界上最恐怖的鬼屋，她也毫不畏惧，甚至用手去碰扮演怪物的鬼屋工作人员，这下反而把那怪物给吓了一跳。所以，现在大家都称她为Fearless woman, 无所畏惧的女人。

实际上，历史上发现大概300名患有这种罕见病的病人，也有其他人的杏仁核有过损伤。但在S.M.之前，没有人像她一样这么完整并且精确地失去了杏仁核的功能，其他病患要么是只失去了一边，要么是还剩一点，或者是大脑其他区域也有损伤。换句话说，就是S.M.的“杏仁核脑残程度”非常精准，无可匹敌。

也就是说，没有杏仁核的人就会不知道什么是恐惧。这个案例一出来，神经科学界就沸腾了。做表情的人都放下手里的活儿去研究杏仁核了（因为公认负责表情识别的区域还有其他部分），即使以前不是搞这块儿的，也摩拳擦掌想去沾个边。2013年2月的时候，S.M.恰好在伦敦大学学院做实验。当时我们上课恰好学到她，简直像大明星一样，好想去“追星”。

我们普通人很难理解什么是“不知道什么是恐惧”。具体来讲，病人可以识别其他的表情，如这五个基础表情，但唯独不能理解、不能识别、不能解释什么是恐惧。最简单的测试方法，就是让S.M.画六个基础情绪的表情，在表达“恐惧”时，她表示不知道如何表达，最后决定画一个在爬的婴儿。这说明S.M.对恐惧的理解和表达都有问题。而在画其他五个基础表情（高兴、悲伤、惊讶、愤怒、厌恶）的时候，她的理解和表达都和正常人没有什么区别。

人们老是说恐惧才是我们自身最大的敌人，这样不知何为畏惧岂不是天下无敌了。

实际上，失去恐惧的本能的人，往往无法识别危险、恶人。这些病人在生活中，即使遇到一看就是坏人的人，也会非常信任。虽然这么说很泼冷水，但是现在的社会，如果随便相信陌生人，是一件挺危险的事情。

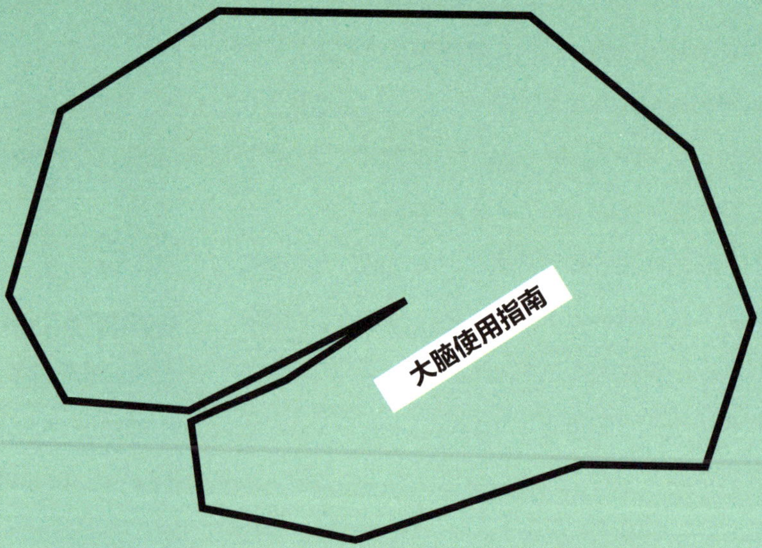
大脑使用指南

FIVE

加上神经科学的光环，是科幻，还是未来？

得益于科技的进步，神经科学在过去不到一百年里已有了不少发展。

当今大众认为如同科幻的技术，读心术、预知未来，甚至近两年被媒体炒的很热的换头术。

这些类似于科幻的技术，到底离我们多远，媒体的报道又有哪些真真假假？

读心术真的可以实现吗？

难易程度

当然可以。

这本小书你已经读到这里，不觉得神经科学中很多工作都是在给“知道一个人的脑子里在想什么”做铺垫吗？

之前有出版社问我，神经科学这么厉害，那你能不能写一本专门讲微表情的书呢？毫无冒犯之意，不过我当时真的没忍住笑。别老想着什么《FBI教你读心术》《别对我说谎》啦。那真的不算什么读心术，只是些通过一些固定的行为规律让你稍微对别人的话语和表情更加关注，从而更加理解别人的表达罢了。虽然这么说听起来很狂妄，但我觉得，从某个程度来讲，人心并不难懂，人的表情和肢体动作所表达的情感大多是共同的。只是大多数人平时不注意观察，也来不及总结罢了。

而真正的读心术，不仅仅是一台测谎仪，而是跨过容易控制的语言、表情和肢体动作，直接从大脑里看到你那些飞逝的思绪：每一刻你在想什么，脑海里在想象怎样的画面，甚至记录下你的梦境，你醒来之后还能看看自己遗忘的梦境……

早在20世纪初，就有人开始尝试用功能性核磁共振，科学家想要试试，能否找出一张图片，将一个人看着这张图片时所得到的大脑扫描图与这张图片之间的关联找出来[1]（见下图）。详细一点说，你看着一张图时，大脑视觉皮层的某些特定区域就会被激活，即使隔天你再来看，相关的区域应该基本是稳定的。而看另一张图时，就会扫描出一些不一样的活动。那有没有可能，通过解读大脑扫描图，来解析你当时看到的是什么呢？

[1] Haxby, J.V., Gobbini, M.I., Furey, M.L., Ishai, A., Schouten, J.L., Pietrini, P., 2001. Distributed and Overlapping Representations of Faces and Objects in Ventral Temporal Cortex. Science 293, 2425 - 2430.

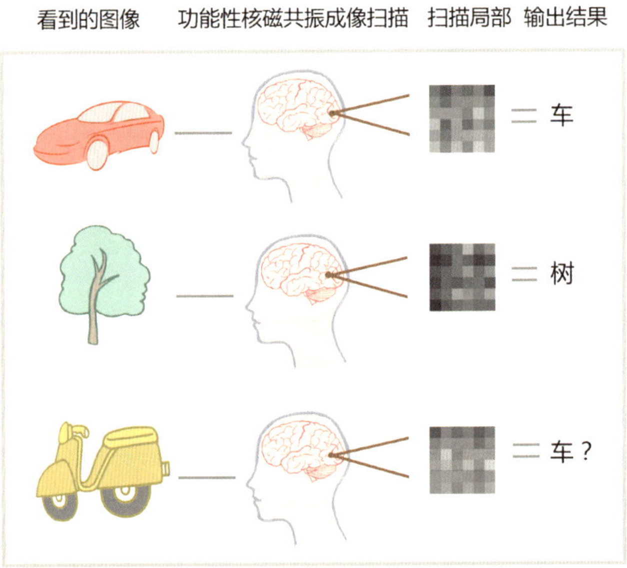

2008年的时候，来自日本京都的一些科学家尝试通过分析脑电波来解析梦境[1]。他们让志愿者睡3个小时，因为梦很容易被遗忘。他们必须每隔一段时间就将志愿者唤醒，问他们有没有做梦，做了什么梦。每小时里每个志愿者大概会被叫醒10次，大概有6~7次会有关于梦的特征。这样重复一两周，最后科学家就得到了大概200个梦的片段以及相对应的脑电波。（吐槽：没睡几分钟，就被叫醒，3个小时里就有30次。这大概是我所知道的最痛苦的实验了。这些志愿者都是勇者！）

[1] Nishimoto, S., Vu, A.T., Naselaris, T., Benjamini, Y., Yu, B., Gallant, J.L., 2011. Reconstructing Visual Experiences from Brain Activity Evoked by Natural Movies. Current Biology 21, 1641 - 1646.

通过分析志愿者的描述，他们将所得到的梦大致分为20个种类，像是“女人”“电脑”“车”——这些都是比较频繁出现的关键词。之后，当这些志愿者醒着的时候，再给他们看和这些种类相关的图片，从而采集到相对应的视觉活动。通过分析和对比睡梦时和实际看到时的大脑活动，他们建立了一个模型，并通过这个模型去预测在叫醒志愿者的9秒钟之前，这名志愿者到底有没有在做梦。准确率还不算太低，有75%～80%。

同年，来自加利福尼亚州伯克利大学的Jack Gallant（杰克·加兰特）的团队做了一个更加精确的大脑视觉信号解析器，能够通过分析大脑扫描图，推测出当时志愿者在看120张图中的哪一张。之后甚至还能够通过大脑扫描图，勾勒出当时看着的图像的轮廓。

在交这本书稿的前几日，这个团队在《自然》上又放了个大招：他们让7名志愿者躺在fMRI扫描仪中听了两个多小时故事（共有10,000多个词），将故事中含有的常见的985个英语词相对应的大脑区域给标了出来。

这个研究发现，在听拥有不同词义的词时，并不是只有语言中心布洛卡区（Broca's area）会被激活，每个词也不仅仅是只对应一个大脑区域，而这相对应的大脑区域似乎与词义有一定关联。词汇分布在大脑四周，并没有一个绝对的语言词义区域。更有趣的是，他们发现词义相关的词语譬如说“妻子”，和其他描述社会关系的词语（家庭、孩子……）所激活的大脑区域很相似。这近千的词被分为了12个不同类型，如视觉（黄色）、数字（四）、地点（体育馆）、抽象（自然的）、时间（分钟）、社会关系（孩子）等等。

如果一个词有多种词义，譬如说英文的“Top”（顶）。当人听到这个词时，额叶（就是脑门那块的大脑）的额中回（middle frontal gyrus）那一小块区域会变得活跃，而其他和衣服、外表相关的词汇也聚集在此。Top也有“第一”“首位”的意思，所以和数字相关的区域（要靠近后脑勺一些）也很活跃。另外，这个词还和位置有关，所以在和建筑物相关的词汇附近也能找到它。换句话说，这就是个大脑词典的雏形。

超酷吧？研究人员还将这个词汇地图的3D大脑模型[1]上传到了网上，你可以自己去看看！

如果以后想以此为基础来发展读心术的应用，那么你的大脑里的这份词典，和我的词典之间差异大吗？从现有的结果来看，这份大脑词汇地图在人与人之间一致性还不错。也就是说，你在这个人脑子里看到“四”的位置，和在另一个人脑子里看到“四”所对应的位置基本一样。这一点倒是让我很惊讶。做这样的brain mapping（绘制人类大脑图谱）研究，人与人之间的差异是一个不可避免的难关。而像这样细节度这么高、全脑扫描，且还是和听觉相关的语言研究，分析出这样人与人之间高一致性的大脑地图特别困难。等以后能够将更多的词汇都找到对应的位置，我非常期待他们能够扩展到其他语言。非常好奇在不同的语言中，同样的词义是不是在同样的大脑位置，还是不同语言有不同的语义地图。

虽然如此，这篇论文仍颇受争议，在此不详述。同时，我们现有的脑成像技术也有很多的局限，使用的研究方法、分析数据的过程也是颇具争议。所以现在得到的结果，也只是初步的探索。虽然还有很长的路要走，但这些研究还是令人激动，我们离读心术是不是更近了一步呢？

[1] 大脑词汇地图3D模型：http://gallantlab.org/huth2016

人真的能有预知未来的能力吗？为什么有时感觉“似曾相识”？

难易程度

小学时，阿汤哥的电影《少数派报告》（*Minority Report*）给我留下了很深刻的印象。回想起平时偶有“似曾相识”的感觉，让我有段时间觉得说不定我也有“先知”那样的预知未来的能力，自己还挺紧张，觉得不能让科学家知道了，否则会被抓去养在池子里。

后来知道很多人都有过这样“似曾相识”的经历，瞬间觉得自己蠢爆了。这样似曾相识的感觉，学术名字叫既视感（déjà-vu，法语，已经看过的意思），是指一种当人在清醒的状态下第一次见到某物某景，却感到似曾相识的现象。需要特别注意的是“既视”而不是“即视”，因为“既”是“已经”的意思，“既视感”就是已经看过的意思；而“即”在中文里是“当下”意思，使用在这里并不合适。这个乌龙大概是因为这个专业名词是从日本中转传入中国的，而日文的翻译则是“即视感”，所以到现在还有不少人没搞清楚。

虽然有人把这样的现象当成拥有预知能力、甚至是前世记忆的证明，但神经科学家普遍认为这是因为记忆的存储出现了短暂的混乱，导致大脑把刚刚得到的感知信息当成了从记忆中提取出来的回忆。而这一现象的发生往往是在人感到压力和疲倦的时候，譬如我记得第一次感受到既视感就是在军训的时候。在操场上站了一整天，排队打饭时，我盯着前面那个人的领子，觉得这一刻似是时光倒流。

但你也不用担心，偶尔一次的“似曾相识”并不是什么病。不过，有一种叫颞叶癫痫[1]的疾病却会引起更加频繁的既视感体验。这种疾病是由大脑颞叶（位于大脑两侧）的神经细胞不正常地放电所导致的癫痫。颞叶主管听觉、语言，在记忆和人脸识别中也有重要作用。这样因病产生的既视感和健康状况下产生的现象是一样的。通过研究这些病患，最主流的理论认为既视感是一种短期的导致记忆识别错乱的神经现象；因在大脑提取记忆时，感官和所提取的记忆本身产生分离，导致了“这个似乎曾存在于我的记忆中”的错觉。

这个理论最近因为一个特殊的病例而进一步的被证实。即使是颞叶癫痫患者，既视感也非常短暂，一晃而逝。而正因这种现象很难捕捉到，使得研究难上加难。若是有人能长时间、固定地体验这种即视感会是怎样的感受？而这个人终于出现了！2014年，第一例因焦虑产生长期即视感的病例出现了[2]，一名23岁的英国白人男性，因为大学开学而倍感焦虑，同时开始经历多次长时间的既视感。后

[1] temporal lobe epilepsy（TLE）。

[2] Wells et al.（2014） Persistent psychogenic déjà-vu: a case report. Journal of Medical Case Reports 2014, 8:414.Illman NA, Butler CR, Souchay C, Moulin CJA.（2012） Déjà experiences in temporal lobe epilepsy. Epilepsy Res Treat.

来他试图回到大学继续学业，结果在吃了一种致幻剂[1]后，情况变得更糟糕，最后他甚至放弃看电视和报纸，因为每次都觉得听过或者看过那些内容。（大脑已经在状态外，还要去沾致幻剂……我只能代表神经科学家们跟你说声谢谢！）

虽然还是没有搞清楚在这个病例中焦虑是如何引起的，根据现在的调查，科学家们初步认为是病人的焦虑导致了颞叶一些神经细胞不正常地传输信号，导致了既视感产生，而既视感又带来了更多的苦恼，进而加重了他的焦虑感，这样形成了恶性循环，延长了既视感现象。

和“既视感”相对的还有一个叫 Jamais vu（法语，从没见过的意思）的现象，即看见熟悉的事物（如文字）却感觉非常陌生的现象。中文翻译不统一，台湾有翻译为“似陌生感”的，不过我更喜欢它的大陆版本，叫“旧事如新”。对天天训练乐器演奏的人来说，可能体验过这一点：在演奏的中途，突然有那么一刻觉得当下演奏的曲调无比陌生，即使在此之前已经排练了无数次。来自英国利兹大学的Chris Moulin（克里斯·穆兰）博士曾经让近百个志愿者在纸上重复写“door”（门）这个单词，在一分钟内写30次，68%的人都表示到后面开始觉得这个单词很陌生，怀疑是不是拼错了。

所以说，和我一样以为自己有预知能力的伙伴们，醒醒吧！

---

[1] LSD（全称为D-麦角酸二乙胺，Lysergic acid diethylamide），是一种强烈的半人工致幻剂。会造成使用者6到12个小时的强烈幻觉感官。20世纪六七十年代，曾有精神病学家通过使用这类药物来体验精神分裂症。

行尸走肉？僵尸的神经科学

难易程度

如果有一天我们的城市被僵尸给占领了怎么办？不要慌。知己知彼百战百胜！知识就是力量，且让脑洞大开的神经科学家来带你走进僵尸的神经科学！

美国疾病控制与预防中心资料显示，僵尸是由病毒引起的。病毒可以通过直接的体液接触或直接咬一口来传播，所以请不要和僵尸玩亲亲！

被感染后，症状会很快显示，被感染者会有具有呼吸道感染特征的发病行为，譬如头痛、高烧、忽冷忽热等和流感类似的多种症状，包括嗜睡。一旦睡过去，感染就会进入下一个阶段——昏厥。如果你在这段时间里能够把僵尸干掉，请不要犹豫！如果数量过多，请不要磨蹭，开车就跑！

通过研究僵尸患者的脑电图，检测发现，在昏厥期间，脑干和丘脑还会继续工作，而大多数的正常大脑活动将会逐渐消失。丘脑在大脑中相当于一个大脑对内对外的信息分析和发送中枢。身体的感知信息发送至大脑皮层时都需要经过丘脑，而当大脑发号运动的命令时，运动信息也必须要经过丘脑。

大概2～4小时之后，患者将会醒来，或说“觉醒”。其神经生理功能明显减少，并因病毒感染而导致大脑大面积的严重脑膜炎病变。渐渐地，大脑的后半部分将会完全失去大脑活动。

首先你要意识到，僵尸还是人类。换言之，人类办不到的事情，僵尸也办不到。这一点很重要，这一根本性特征决定了僵尸与其他的病变情况，如吸血鬼和狼人，有质的区别。

与普通人类相比，僵尸变得很有侵略性，口味突变，且暴饮暴食，这有可能是病毒损坏了僵尸的杏仁核；运动失调，行走时又慢又僵硬，这说明僵尸的运动皮层和小脑可能被病毒损坏了；成为僵尸之后，记忆也失去了，说明颞叶中部的海马体受到了损坏；僵尸不理解人话，也不会流利地说话，说明位于颞叶里的语言中枢出了问题；变成僵尸后失去了社会性，譬如即使见到亲友也一副冷漠的样子，很有可能负责控制不恰当行为和决定的眶额额叶皮层被损坏了。

僵尸虽然丧失了对亲人爱人的社会性，但它们也不会攻击其他的僵尸。而且他们很有教养，我的意思是，当僵尸甲徒手生擒了一个新鲜人类时，其他的僵尸不会和僵尸甲争抢。非常有礼貌地遵循“先来后到”的社会规则。不得不说，以前住校的时候，像以前我读书的成都外国语学校，中午12点下课铃一响，那“千人抢饭”的壮观景象十分醉人。

另外，运动皮层的损伤，也导致了僵尸对工具使用的能力大大减弱甚至消失，你从没见过骑着自行车追赶人类的僵尸吧？因为僵尸的运动皮层和工具使用能力出现了问题，他们不能使用类似于梯子这类的工具。通过这样简单的分析，这里我们就知道了一个最简单的求生方法：当被大批僵尸追赶时，爬梯子到屋顶，或者爬树。不用谢。国内都是公寓没法爬屋顶，也没什么树可以爬？那你开车啊。什么？你和我一样没有驾驶执照？所以说你平时要多多和有驾照的朋友玩啊！

另外，你务必要记住，无论是进化了多少级的僵尸，他们都是冷血动物，他们的身体已经不能保持体温了。一旦外界温度猝降，僵尸就会像便秘了一样。虽然僵尸怕冷，但有趣的是，火，也是僵尸很不喜欢的一个东西。

那在人类中有像僵尸一样的神经疾病吗？有的。僵尸的种种行为特征，不得不和梦游联系起来。与僵尸更为相似的、也更为有趣的一个疾病叫科塔尔氏妄想（Cotard delusion，也叫虚无妄想综合征），患有这种疾病的人虽然意识清楚，但是认定自己已经死亡、不存在。这种疾病非常罕见，全世界现在也只记录了数百人。有精神科医生认为这是一种极度严重的忧郁症，即使看到镜中的自己，患者也认为自己已经死了，或认为自己是活死人，失去吃喝和与人交流的欲望。因此，这个疾病又叫行尸症。僵尸是不是像一个患有科塔尔氏妄想的梦游者？

知识就是力量。在了解了这么多关于僵尸的神经科学知识之后，当我们面对僵尸的袭击时，一定要举一反三、活学活用哦！

不过话又说回来，西方和东方的僵尸好像不太一样呢……中国香港那边的僵尸脑门上还贴了一张黄色的符咒。满脸涂白，脸颊一边一个红圈圈，往往它们都是家养的呢。如果你在神秘的东方遇到了家养僵尸，就没那么麻烦啦，记得把脑门上的符纸扯下来就够了。

画外音：致某些纯情的读者，不要害怕，这篇文章是以“假设僵尸真的存在”的设定为前提的。不要问我是不是真的。我会忍不住笑。

对脑洞感兴趣的僵尸爱好者们，推荐你们观看爱尔兰神经科学家 Shane O'Mara（肖恩·奥玛拉）的TEDx演讲，叫“僵尸神经科学”（*Zombie neuroscience*）。这是至今我听过最好玩的TED演讲，整个过程笑声不断。在很大程度上，这篇文章的很多内容都是基于这个TED演讲的内容整理而成。另外还有一本专门讲僵尸的搞笑科学书籍，叫《僵尸也会梦见僵尸羊咩咩吗？》，不介意用英文阅读的可以去买来一看：Verstynen, T., Voytek, B., 2014. Do Zombies Dream of Undead Sheep?: A Neuroscientific View of the Zombie Brain. Princeton University Press.

换头术——永生的钥匙：身体过奈何桥，大脑留下来

难易程度

怪事年年有，最近特别多。

2015年年初看到新闻，有一位意大利神经外科医生，Sergio Canavero（赛吉尔·卡纳维罗），公开宣布准备在2017年实施第一次人类换头术。

早在2013年就听说，这位意大利医生卡纳维罗在一次学术会议上豪言壮语，说要做人类换头术（就是将一个人的头切下换到另一个人的身体之上），当时我想估计是这大叔在开会前喝多了，所以也没有在意。

说起来，叫“换头术”，肯定是因为第一个人用这个词的时候，直译了英文head transplantation（直译，头部移植），但这个翻译很明显是错误的。这个手术和其他器官移植完全不同：换掉的并不是那颗头，而是头以下的整个躯体，所以中文翻译成“换身术”才正确。从现在公认的科学观点来看，一具身体（body）

的所属人在于其大脑在哪里。但为了和现有的中文报道的用词保持一致，本文还是会沿用“换头术”这个词。

你可别看脖子横切面不大，那一离开就嗝屁的气管、那密密麻麻的血管、那跟林妹妹似的脊髓、那剪不断理还乱的神经……光是想想都已经是醉了。再想想，就算我有知识、有技术、有钱，要在人身上做这种手术，那得和科学伦理协会撕×几百回合啊！

万万没想到……2015年4月，一位来自俄罗斯的30岁的计算机工程师，竟然自愿成为第一个换头术志愿者。他患有先天脊髓性肌肉萎缩症，肌肉停止发展，这让他从小全身伤残，骨骼畸形。而且近几年他的疾病还在加速恶化，由于这个疾病现在还无法治疗，所以他认为接受这个手术将会是他最后的机会。

虽然有了志愿者，并不代表伦理协会就会允许实施手术，但至少显示出有人能够接受这样的手术实施在自己的身上，也有这个需求。

那时，卡纳维罗医生很霸气地说，两个月后，他将会在美国马里兰举行的美国神经和骨科医师学会年会上，发布整个手术的详细计划。我开始觉得这个事情的发展说不定有神转折。

2015年6月，在年会上，他遇到这个新闻的另一个主要人物，来自哈尔滨医科大学附属第二医院（哈医大二院）的骨科副主任、博士生导师任晓平教授。之后8月还专程来了中国，讨论合作计划。9月，回到欧洲之后，他告诉英国媒体，乐观的话手术将会在2017年12月在中国实施。但哈医大并没有对此做出任何回应。

2016年1月，卡纳维罗又向媒体爆料，任教授已经成功在猴子身上实施了换头术，非常遗憾的是，截至6月，都没有看到确切的证明，也没有相关论文正式地发表在专业期刊上。

这位意大利医生所计划的换头术到底靠不靠谱？又有什么困难和问题？换头术真的是人类永生的钥匙吗？

客官想换什么器官？

器官移植，已经不是一个新鲜的话题了。

从20世纪初，法国医生Alexis Carrel（艾利克斯·卡莱尔）致力于动静脉血管移植的研究，这为接下来的器官移植提供了不可或缺的基础，凭借在器官移植研究中的贡献，他获得了1912年的诺贝尔生理学或医学奖。而且他也是最早的几位意识到移植排斥反应的人之一。

遗憾的是，接下来的半个世纪，移植排斥反应也一直没有得到有效的解决。可以说器官移植遇到了一个难以跨越的屏障，以至于第一次世界大战之后，器官移植基本被放弃，但在第二次世界大战期间，其中一项器官移植却得到了一些进展，那就是皮肤移植。

人类首次成功的器官移植是1954年在美国实施的一对同卵双胞胎之间的肾移植。这个成功得益于同卵双胞胎之间不会发生免疫排斥的问题。而负责这次手术的美国哈佛大学的整形医生 Joseph Murray（约瑟夫·默里）在1990年获得了诺贝尔医学奖。Murray在2012年去世，享年92岁，可以说他是人类医学中器官移植的主要推动人，也是见证人。

移植排斥，简单来说就是接受新器官的身体认为新器官是外来敌人，然后免疫系统就会派出各种小兵去攻击破坏这个新器官，导致“本来命还能多吊几天，结果接受了器官移植，翘得更快”的悲剧。而且，免疫系统可以通过多种“姿势”来排斥器官，譬如，肾和心脏可能是惹到了抗体（antibody，是一种长得像Y一样的蛋白质，散布在我们的血液里，工作是识别外来物，嗯，功效类似于北京朝阳区群众）或是一种叫T细胞（类似于到处埋伏的杀手忍者）的东西而引起排斥反应，而骨髓、皮肤移植就不会被抗体影响，眼角膜移植一般也不会引起排斥反应。

那如何解决免疫排斥这个绕不开的问题呢？不能总是期待人人都配有一个同卵双胞胎（画外音：“备胎”的完美诠释）吧！锵锵锵！答案是，免疫抑制剂，就是可以抑制免疫系统的功效的药物。1951年，Peter Medawar（彼得·梅达瓦）爵士建议研发免疫抑制剂用于避免器官移植后的排斥反应，也因其在免疫抑制方面的杰出贡献而获得了1960年的诺贝尔医学奖。（画外音：如果读者中有伦敦大学学院的校友，可能会对Medawar的名字有些熟悉，因为科学图书馆正对面的生物医学楼就是由Medawar命名的！那栋楼正门的门把手是两个销魂的裸体。我一辈子都不会忘记它们！因为那栋楼是我们系的大本营……每次赶着去交作业，为了快点拉开大门，都得狠狠地抓住两个妖娆裸体的腰部……）

但由于免疫抑制剂的效果一直都不够好，在第一次双胞胎之间的肾移植成功之后，即使在器官移植后排斥得到短时间控制，患者往往也活不过两个月。而且其他的器官，如心脏移植，还带来了免疫排斥之外的更多技术问题，譬如说心脏很难保存，离开身体后几分钟之内就会迅速恶化变质。

1981年3月9日，人类心脏和肺移植首次在美国斯坦福大学医院获得成功，这得益于一种有效预防排斥的免疫抑制剂，叫环孢素（cyclosporine）。在此之前，数百次的人类心脏移植手术都没有真正地延长患者的寿命。

之后的30多年，器官移植成功率提高，各种器官都有尝试，甚至连复杂的生殖器官移植也取得了成功，譬如说女性的子宫。2013年年初，有一名天生没有子宫，但卵巢健康的35岁瑞典女性接受了她61岁好友的子宫移植，并在2014年10月生下了第一个移植子宫内孕育的婴儿，这标志着人类首次子宫移植的成功。而2015年11月25日，中国首例子宫移植也在陕西实施成功了，我记得当时还是微信新闻的头条，相信很多人都看到了。虽然相比过去的什么肾心肺首例，子宫移植对今天的医学而言也不算是个爆炸式新闻了，但我觉得，子宫移植的成功显示出伦理、社会和个人对器官移植的开放性，也侧面显示出了在器官移植上，医学知识和技术已经非常成熟。为啥这么说？你想想，以前换的那些器官，那真的是为了保命啊，再贵再麻烦，在命前面算个啥。而子宫移植，虽然生小孩也是一件很重要的事，但毕竟是一个吃饱了喝足了再思考的问题嘛。而且，以后不孕不育医院的广告可以打得更霸气了。

不过话又说回来，子宫移植虽然给不孕不育的女性带来新希望（画外音：这随便一写，听起来都像是广告词），但和肾心肺不同的一点是，子宫移植带来了器官移植的新问题，那就是必须要从活着的捐献者体内取出子宫，这对捐赠者而言也很有风险。

与换头术最相近的两个器官移植：手和脸

换头术和之前提到的其他器官移植有一个最根本的区别，那就是换头术涉及多种组织，包括骨骼、血管、神经、皮肤等等，所以属于复合组织移植术（composite tissue allogeneic transplantation）。

虽然从20世纪70年代起就不断有尝试，但都没有达到长期的效果，而最早真正成功的复合组织移植就是1999年在路易威尔大学（University of Louisville）实施的手部移植[1]。值得注意的是，与之前手部移植尝试相比，在这次手部移植之前，整个团队花了多年做了大量基础研究以及可行性探索，而且整个探索过程有很高的透明性，在选择志愿者期间也非常谨慎。本事件中来自中方的任晓平教授当时也是这个手术团队百余名成员中的一名专家。

最近15年，已经有60余名患者接受了手部移植手术，但由于手术极为复杂，需要耗时8~12个小时（心脏移植一般只要6～8个小时），所以手部移植非常罕见。最近的一次成功案例，正好在2015年7月，一位仅8岁的男孩儿在美国费城接受了双手移植，系全球儿童手部移植的首例。

不得不说2015年实在是器官移植的井喷年份。2015年8月，世界上最完整的全脸移植在美国纽约大学医院成功，整个手术花了100多名专家整整26个小时。虽然之前在2010年，西班牙也有一个大面积脸部移植手术成功，主要是鼻子和嘴唇，但最近这一次更加完整，包括了整个面部，有耳朵和头皮的完整移植。同时，手术更加精细，譬如其中一个目标是要让有新脸的患者可以自然地眨眼睛，这在整容手术中应该是一个新的里程碑，因为眼部肌肉的神经非常复杂，这是从来没有尝试过的。据我所知这也是首次人类耳朵和耳道的移植，有了新的耳朵，相信患者的听觉也会有所恢复（耳廓相当于一个声音收集装置，没有它会很影响听觉能力）。

[1] Francois, C.G., Breidenbach, W.C., Maldonado, C., Kakoulidis, T.P., Hodges, A., Dubernard, J.-M., Owen, E., Pei, G., Ren, X., Barker, J.H., 2000. Hand transplantation: comparisons and observations of the first four clinical cases. Microsurgery 20, 360 – 371.

接受换脸的是一名41岁的美国消防队员Patrick Hardison（帕特·哈迪森），在2001年一次任务中，他的脸被燃烧的天花板砸到，使得脸完全“融化”。他的新脸来自一名26岁的纽约自行车修理工David Rodebaugh（戴维·罗德鲍），因为一场自行车事故导致他一直维持在植物人状态。手术团队在手术实施之前告诉患者，这样大面积的换脸只有50%的成功把握。在手术结束3个月后的11月中旬，主治医师才松了一口气，开了记者发布会认为手术成功，病人恢复良好。一年之后，待脸部恢复到更好的状态时，将会做一系列的修容手术，让脸部更加自然。

话说我专门去查了一下整个换脸需要多少钱，所有加起来估计有850,000到1,000,000美金，为什么是估计，因为还没有做完啊……而这个钱将会由纽约大学朗格尼医学中心（NYU Langone Medical Center）全部承担。

这让我还真是挺感慨的。人类从莱特兄弟的离地飞行，到踏上月球，只用了60多年。在医学发展上，虽然多方面都困难重重，但也在过去的100年里得到了很大的飞跃。

在器官移植上说了这么多，现在也才只讲到脸，是不是有些跑题了？完全没有。读完这一节，我相信你一定认同这一点：过去100年，人类在器官移植这个医学目标上走得非常辛苦。更重要的是，虽然有很大的进步，也有了很多成功案例，但这些器官移植所需要攻克的问题，主要还是在实施上——譬如说控制免疫排斥、让手术提速，确保不要让心脏这类器官“凉”了，或是在手术中需要快速精准地将脸部的肌肉和神经连接起来——换句话说，这些问题大多都是临床问题，从理论上来讲基本没有问题，而且已经有了很多的理论和临床的沉淀，多个相关的诺贝尔奖就可以证明这一点。即使如此，在最近的这次换全脸手术中，来自纽约大学的医学团队也还是认为只有一半的把握——这可不是谦虚，也不仅仅是谨慎，这是现实。

是科学，还是科幻？

无论是换头术还是换脑术，后者虽然在难度上比前者高了不止一点，但两者都是以“保留我的意识”为基本目的，延长健康的寿命的手段。科幻小说中意淫过很多次这样的手段。譬如像是在中国，清代蒲松龄所著《聊斋志异》中有一个故事[1]，陆判官给书生朱尔旦先是换了一个心脏，让他写作水平直线上升，考中举人；之后，当这书生嫌他老婆不够美时，陆判二话没说，又给他老婆换了个头。呵呵，陆判，你才是朱书生的真爱吧。

关于换头术，实际上早在1970年，就有个美国医生Robert White（罗伯特·怀特）成功地将一只狗的大脑移植到了另一只狗身上。术后的脑电图EEG显示大脑活动正常。

详细点讲，是将一只有两个大脑的狗的其中一个大脑挖出来，然后将这个大脑上的血管连接到了另一只狗的脖子上，看这个大脑能不能正常活动。

这个手术的最重要结论是，大脑，是可以移植到其他身体而不产生免疫排斥的。这个结果，鼓励了怀特那帮子人，在1970年，他又成功地将一只猴子的头（注意是整个头）安到了另一只猴子的头上。但由于手术对脊髓的神经损伤无法恢复如初，术后这猴子从脖子以下瘫痪，除此之外，它头部的五感却没有特别的问题。当这个猴子醒来时，它立刻将离它最近的一个医生的手指给咬了，然后大家往死里兴奋地鼓掌。可惜的是，在术后的9天后，这猴子因为免疫排斥而死亡。不过这也无法阻止这项手术成为第一次成功的头部移植。

---

[1]《陆判》选自清代蒲松龄所著《聊斋志异》卷二第五篇。

这个成功的手术之后，自然而然地就开始准备下一个阶段：给人类做脑部移植手术。给身体残缺但大脑健康的人换一个身体。可惜这事在当时的伦理环境中是完全不可能实施的。

相信这肯定是怀特临死前最大的遗憾。他在采访中说了一句话，可能是最简单地形容了这个问题：

> You are going to have a man's body and a man's brain, so who is it?
>
> 你将拥有一个人的身体和另一个人的大脑，那么你是谁？

有趣的是，怀特是一个非常虔诚的天主教教徒。他相信大脑是灵魂的物理容器，人的灵魂并不在心脏、手臂或肾里。所以他坚信，采访中问题的答案是：大脑的拥有者便是整个身体的新主人。

有些新闻甚至维基百科也有说第一次换头术是1945年在狗身上实施的，但那次实际上不能算“换头术”，而是“换上半身术”。1954年，前苏联外科医生Vladimir Demikhov（弗拉迪米尔·德米霍夫）将一只小狗的头与前肢嫁接到了一只比它大一点的狗的下半身上，之后他还做了好几次相似的尝试，但所有的狗都只存活了2～6天。所以，这既不是真正的换头术，也并不成功。

科学上：换头术至少将有哪些挑战？

既然要讨论两年内的换头术到底靠不靠谱，就多多少少要从理论的角度讲一讲，现阶段换头术还面临的三大根本性问题。

问题一：头不可能单独存活，切下后如何保存它？

从时间顺序上，这也是第一个要考虑的问题。把想要换身体的头切下来后，在完整转移到新的身体之前，如何保存？

一个器官从身体上移除的那一刻起，它就在死亡。

在做器官移植的手术时，医生会将离开身体的器官保存在一种很冷的盐水（saline）里，这种处理方式可以让肾保存48小时，肝24小时，心脏5～10小时，而手部甚至可以存活数天。

那头呢？头可不单单是一个器官。它是人身体上最重要、最复杂、最脆弱的部分。任何一点点小小的损伤，都会让你看不到、听不到、闻不到、尝不到，或是无法动舌头，无法产生唾液，等等。更容易被损伤，也更容易被忽视的还有调节激素的各种腺，一旦出现问题，往往很难控制和调整到正常情况。

而且别说保存了，有常识的人都会知道，切断颈部，必然血流成河。当脖子被砍断时，脑内的血压会急剧下降。一旦失血过多，大脑直接全面中风，然后就会脑死亡。正常情况下，大脑缺血超过4分钟，就会导致不可逆转的大脑创伤。即使通血，也是没有帮助的。

在2015年6月的美国神经和骨科医师学会年会中，在卡纳维罗讲到他准备用锋利的刀刃把志愿者的头部整个切下来时，直接被一名心血管外科医生打断："脊髓前动脉怎么办？你这样会直接切断它。"卡纳维罗明显并没有考虑到这一点，他的回应是邀请这位心血管外科医生加入他的团队，因为他已经做完他该做的了，而现在应该由各位专家来加入负责不同的课题。呵呵……空手套白狼。

问题二：怎么将脊髓连接起来，并让它恢复正常工作？

让咱们说回第一次成功的换头术——怀特在猴子身上做的那次手术——当时科学家们根本没有打算将其脊髓连接起来，呼吸也是通过外界仪器帮助的。在那之后，少有换头术实验，而且更少有实验再被报道，一方面是争议很大的道德问题；另一方面大家的注意力都被转到克隆上去了，所以可能对这类实验"失去了兴趣”。但即使过去40年没有人做过成功的换头术，这次事件的主角卡纳维罗还是说现在的技术很成熟了。

且不说其他，最让我疑惑的是，现在临床上，啊不，即使在理论上，中枢神经再生还是个难解之题。

每年，世界上有超过90,000人的神经系统受到创伤，其中有10,000多人会因脊髓受伤而导致不同程度的残疾，甚至是终身瘫痪。脊髓创伤难以治疗，正是因为神经再生还是一个医学难题。神经再生（neuroregeneration）是指神经组织、神经细胞的重生或修复。

在本书的最开始，我提到过，神经细胞有根大长腿，叫作“轴突”（axon），神经信号就是沿着这条腿快速地传递给下一个神经细胞。为了保护轴突，并让电流能够沿着腿传得更快，轴突一般都会被一种叫“髓鞘”的东西裹住。当轴突断掉时，裹着它的髓鞘也会逐渐消失。在中枢神经中，神经细胞周围的胶质细胞将会攻击已经损坏了的神经细胞，就好像免疫系统一样。同时，胶质细胞还会迅速形成胶质疤痕（glial scar），就像墙壁一样阻止轴突往前生长，并导致中枢神经细胞无法重生。虽然现在对胶质疤痕了解也越来越多，神经科学家和临床医生们前赴后继地往神经再生这个课题上投入大量的资金和精力，以前人们认为“中枢神经细胞不可能能够再生”，虽然这个观念已经被否认，但即使我们对神经再生已经有了爆炸式的知识增长，但我们的技术还远远没有达到可以完美衔接断裂脊髓，使神经细胞再生并恢复正常功效的水平。

然而，在所有的报道中，卡纳维罗都很淡定地说：“现在的技术很成熟了。”他怎么这么有自信能够将断裂的脊髓重新合在一起呢？这让我非常疑惑，所以我专门寻找了他在学术会议上提出的融合脊髓的草案，但非常简陋，基本上可以总结为：切断、放在一起、涂上胶水、持续点击，刺激连接处融合在一起。

毫不意外地，在学术大会上，有人当面问他能不能讲详细一些，他回答说：

“你切断意大利面，加上聚乙二醇，然后‘嘭’（魔法产生效果的声效）！”（原话是：You cut the spaghetti, you apply PEG, and boom.）呵呵。您太幽默了……

就算真用那两种食品添加剂就将脊髓粘住了，那剩下的那么多断裂的神经怎么办？！在任教授的小白鼠换头实验[1]中，也使用了聚乙二醇来融合切断了的脊髓。但与设想的一样，这根本不会让脊髓恢复功能，更不可能让换了身体的小白鼠运动。即使在2016年1月，卡纳维罗向媒体说任教授在猴子身上完成了换头术，那个情况下也仅是把小白鼠换成了猴子，并没有解决这个问题。

这里必须提一下之前说到的换脸术，2015年8月，光是换个脸都让纽约大学的专家们捏了一把汗。而这位意大利医生居然承诺他会保证志愿者在术后一年后自主呼吸，还会学会说话甚至走路。这要修复的神经简直不是一个数量级的，最重要的是直接涉及中枢神经。

在现阶段，换头术让人“活”下来（活下来是指像任教授的小白鼠换头实验中），术后短时间维持呼吸、心跳的可能性还是有的。但那位医生居然保证，术后一年，就能不需要外界帮助，自己呼吸、还会说话，甚至还会运动，直到康复。现在从理论上来讲，这些都是天方夜谭。

即使我们现在对神经再生的理解，已经不同以往，但把脖子砍断后，粘上脊髓后一年就让人重新走路，完全是天方夜谭。

那什么时候才有可能办到呢？谁知道呢。但肤浅地预估，也至少要在有诺贝尔奖颁发给这个“中枢神经再生”课题，才说明从理论上“换头术”的可行。但要是中枢神经再生已经不是个问题，这次要换头的那位俄罗斯志愿者，可能都不需要换头了，针对相关的疾病治疗肯定也有了相应的发展。

---

[1] Ren, X.-P., Song, Y., Ye, Y.-J., Li, P.-W., Han, K.-C., Shen, Z.-L., Shan, J.-G., Luther, K., Yang, B.-F., 2014. Allogeneic Head and Body Reconstruction: Mouse Model. CNS Neurosci Ther 20, 1056 - 1060.

问题三：如何解决排斥反应？

除了中枢神经的修复问题，还有个问题这位意大利科学家还没有回答拿什么保证能够解决，就是排斥反应。虽然现在临床在这方面有很优秀的技术来监测术后体内血液循环的情况，如果有排斥反应，就需要摄取专门的药物消除排斥反应。

即使在手部、脸部移植上已经有成功的案例，但是在这些小型的复合组织移植中，被排斥的部位相对于整个身体比例较小。然而，在换头术中，需要消除排斥反应的可是整个身体，大量摄入相关药物，现在根本没有办法确保志愿者能够健康生存下来。

更重要的是，即使这三个问题在理论上都完美解决，并在动物身上多次实验，手术也能不断成功复制，从动物模型到在人类身上做实验，很多方法、药物在动物上能够成功，但并不代表在人类身上能够成功。所以从理论到临床，肯定还需要不少时间。

换头术可以实施在已经冰冻的头或身体上吗？

最近“冷冻人体”这个旧话题在国内又受到注意，主要是因为2015年5月，重庆女作家杜虹因胰腺癌晚期去世，其遗体被运往美国洛杉矶冷冻，以期待未来医疗发达之后有机会复活。这个新闻受到很多人注意，一方面是因为这是中国第一例人体冷冻案例，另一方面很巧的是，杜老师在去世之前正好是当时刚刚获得雨果文学奖的科幻小说《三体》的编审。而《三体》中，多个主人公都是靠冷冻身体，再到未来苏醒。

而且，杜老师仅选择了头部冷冻，被保存在-196摄氏度的液氮中，“苏醒”

时间被设定为当医疗技术已经可以再造身体，并将头部安装到新身体上的那个时代。媒体报道中说："科学家预测这个时间要大约50年。"虽然我找不到是哪个"科学家"说的，2065年到底是什么样的确不太好说。不过呢，2065年我73岁，如果运气不赖，我应该还是能够混到那个时候的，这个预言到底准不准我还是可以去验证一下的。

这个冷冻技术要是真的能够复活人类，那一定是建立在我们现在讨论的这个换头术已经成功的情况之下。但是现阶段还不能用已经长时间冷冻的大脑来尝试换头术，因为我们不知道该如何解冻。虽然现有的"换头术"的开始，是需要把患者先冷冻，而且从现在的动物研究成果看来这个步骤是合理的。但在实施的过程中，肯定有不少的问题。譬如，冷冻过后需要"解冻"，在解冻过程中如何确保神经细胞不会因此而受到破坏，现在在这个问题上我们还是一片空白。又不是放在微波炉里"叮"一下就可以的。

最后：向换头术志愿者致敬

在这里，无论手术结果如何，我都想向那位俄罗斯的志愿者致敬，虽然他肯定看不到就是了。

这位世界上第一名自愿接受换头术的人，叫Valery Spiridonov（瓦勒里·斯皮里多诺夫），30岁，是一名俄罗斯计算机工程师，他患有极其少见的遗传性神经疾病——脊髓型肌肉萎缩症——造成运动神经退化、肌肉萎缩，最后会导致死亡。而他现在的病情恶化越来越快，越来越严重，他说："我没有选择。这是最后的机会……"

可能有人会说，啊，说不定还有其他方法呢？譬如说日本现在做得很好的赛博格技术（Cyborg），即用机械替换人身体的一部分，并连接大脑使其代替原本的器官运动和工作，如四肢，甚至眼睛。这项研究固然在军事上也极受重视。

但是对于这位患有脊髓性肌肉萎缩症的人，现在的赛博格技术并不适合他，因为他需要替换的是整个身体，因为肌肉萎缩会影响很多基本的生存功能，导致死亡。

两年对我们身体健康的人来说很短，但对他来说已经是倒计时。

即使最后他还是接受了手术，这位志愿者能再站起来的可能性也很小。而且整个手术和之后的康复过程，很有可能比死还可怕。

但我想再次向志愿者致敬。尊重他的决定。他真的是一名勇者。

在寻求真理的道路上，人类的进步必定是建立在个人的牺牲上的。科学家们本身就在牺牲自己的物质生活，也需要勇敢的志愿者去尝试新的技术。无论拯救患者的是换头术，还是其他未知的技术，希望终有一天会成功，能帮助更多的人。

生命是多么的脆弱，伤害生命是很容易的。

生命是多么坚强，即使这么辛苦，也不想死去。

大脑使用指南

后记

Postscript

读完这本书，旁人问你，这本书讲了什么？你想了半天，也没想出什么。

过了一段日子，和别人聊到某个有趣却令人不解的现象时，你可能会突然冒出这样一个念头：“用神经科学来想就很好理解了嘛！”

以不变应万变，以一答应万问。这大概就是神经科学的魅力所在吧。

实际上，真正的神经科学远比这里讲的严谨、复杂、枯燥，充满谜团。为了让没有接受过任何系统神经科学教育的人理解这些内容，我专门挑选了最抓眼球的题目，嚼碎了我自己能咬得动的研究，再组装成我认为又有趣味又有一定干货的内容。不停地说“我”，就是因为这只是我的一家之言。

在读神经科学本科的时候，每堂课都有长长的阅读书单，有多本教材、不同人写的论文和综述。原因很简单，正如历史不是一个人的历史，神经科学也绝不是一个人的神经科学。

可能你也发现了，本书大多数文章到最后也并没有回答其标题本身。肯定会有人大骂我是标题党。

哎呀被你发现了！（吐舌头。）这也没有办法嘛，连正儿八经的神经科学家还跑在追求答案的路上呢，边跑还边展开大战。我这还在起点做准备运动的新手，最多也就是给观众做做转播罢了。

现在与大脑相关的新闻报道越来越多，希望在阅读了这本书之后，你有一些基本的判断能力。

因为我个人的能力有限，这本书里我并没有介绍任何与大脑相关的疾病方面的知识。

因为篇幅问题，这本书只囊括了很少很少的内容，新鲜度对于神经科学非常重要，如果你觉得意犹未尽，可以关注我的知乎专栏“神经科学”[1]。

因为实体书无法加入音频文件的性质，我也没有怎么介绍与神经科学相关的高新技术，譬如可以通过检测眼球运动和瞳孔大小而判断一些心理活动的眼动仪，可以24小时检测大脑活动的入耳式脑电图，帮助瘫痪病人行走的赛博格技术，让人想起《黑客帝国》的脑机接口，等等。更何况这些技术日新月异，没有必要变成白纸黑字，相信它们很快就会进入你我的生活。

请拭目以待。

---

[1] www.zhuanlan.zhihu.com/neuroscience

专业词汇检索

Index

adenosine	腺苷
Affective Neuroscience	情感神经科学
amygdala	杏仁核
Anatomy	解剖学
anterior cingulate cortex（ACC）	前扣带皮层/前扣带回
astrocyte	星形胶质细胞
axon	轴突
basal ganglia	基底核
binocular vision	双眼视觉
boundary vector cell	定界细胞
brainstem	脑干
Broca's area	布若卡氏区

capsaicin	辣椒素
cell	细胞
cerebellum	小脑
cerebrospinal fluid	脑脊髓液
cochlea	耳蜗
Cocktail Party effect	鸡尾酒会效应
Computational Neuroscience	计算神经科学
corpus callosum	胼胝体
Cotard delusion	科塔尔氏妄想
déjà-vu	既视感
dorsolateral prefrontal cortex	背外侧前额皮层
Electroencephalography（EEG）	脑电图
floater	飞蚊症
Functional magnetic resonance imaging（fMRI）	功能性核磁共振
gastrin-releasing peptide receptor	胃泌素释放肽受体
glial cell	胶质细胞
glial scar	胶质疤痕
granule cell	颗粒细胞
grid cell	网格细胞
hair cell	毛细胞
head direction cell	定向细胞
hemianopia	偏盲
hippocampus	海马体
homeostasis	稳态
hydroxy-alpha-sanshool	羟基甲位山椒醇
lateral geniculate nucleus	外侧膝状体
lateral temporal cortex	外侧颞叶皮层

limbic system	边缘系统
macroglia	大胶质细胞
Magnetoencephalography（MEG）	脑磁图
masking effect	遮蔽效应
median nerve	正中神经
medulla	延髓
mental image	精神意象
menthol	薄荷醇
microglia	小胶质细胞
midbrain	中脑
middle frontal gyrus	额中回
monocular vision	单眼视觉
mossy fibre	小脑苔状纤维
myelin	髓鞘
Neural Correlates of Consciousness（NCC）	意识相关神经区
neurogenesis	神经形成
neuron	神经细胞
Neurophilosophy	神经哲学
neuroregeneration	神经再生
Neuroscience	神经科学
neurotransmitter	神经传导物质
oestrogen	雌激素
orbitofrontal cortex	眼窝前额皮层/眶额皮层
orthonasal route	鼻前嗅觉
paracingulate cortex（PCC）	旁扣带回皮层
Physiology	生理学
place cell	定位细胞

pons	桥脑
Positron emission tomography （PET）	正电子发射计算机断层扫描
postrema	呕吐中枢
prefrontal cortex （PFC）	前额皮层
primary afferent neuron	传入神经
primary cerebellar agenesis	原发性小脑发育不全
primary gustatory cortex	味觉皮层
Purkinje cell	浦肯野细胞
quadrantanopia	象限盲
Rapid eye movement sleep （REM）	快速眼动睡眠期
receptor	感受器
retronasal route	鼻后嗅觉
reward system	奖励系统
satellite cell	卫星细胞
schwann cell	神经膜细胞
sciatic nerve	坐骨神经
scotoma	视觉暗点
superior colliculus	上丘
system	系统
taste-receptor cell	味受体细胞
temporal lobe	颞叶
testosterone	睾酮
tibial nerve	胫神经
tissue	组织
ulnar nerve	尺神经
vasopressin	抗利尿激素
ventral prefrontal cortex	前额下腹

ventral striatum	腹侧纹状体
ventromedial prefrontal cortex	腹内侧前额皮层
visual cortex	大脑视觉皮层
visual field	视野
visual field loss	视野缺失
Visual Neuroscience	视觉神经科学
Wernicke's area	韦尼克区

图书在版编目（CIP）数据

大脑使用指南：其实你活在大脑创造的虚拟世界里 / 赵思家著. —长沙：湖南科学技术出版社，2016.10
ISBN 978-7-5357-9081-1

Ⅰ. ①大… Ⅱ. ①赵… Ⅲ. ①大脑 - 基本知识 Ⅳ.①R338.2

中国版本图书馆CIP数据核字（2016）第225191号

上架建议：畅销·思维创造

DA'NAO SHIYONG ZHINAN :
QISHI NI HUOZAI DA'NAO CHUANGZAO DE XUNI SHIJIE LI
大脑使用指南：
其实你活在大脑创造的虚拟世界里

作　　者：赵思家
出 版 人：张旭东
责任编辑：林澧波
监　　制：毛闽峰　李　娜
特约策划：郑中莉　沈可可
特约编辑：马玉瑾
营销编辑：贾竹婷　雷清清
封面设计：黄柠檬
内文版式：利　锐
内文插图：知更鸟
出版发行：湖南科学技术出版社
（湖南省长沙市湘雅路276号　邮编：410008）
网　　址：www.hnstp.com
印　　刷：北京京都六环印刷厂
经　　销：新华书店
开　　本：700mm × 998mm　1/16
字　　数：175千字
印　　张：16
版　　次：2016年10月第1版
印　　次：2016年10月第1次印刷
书　　号：ISBN 978-7-5357-9081-1
定　　价：45.00元

（若有质量问题，请直接与本社生产服务中心联系调换）

WEEK

本周事件

DAY 1	
DAY 2	
DAY 3	
DAY 4	
DAY 5	
DAY 6	
DAY 7	

WEEK
本周事件

DAY 1	
DAY 2	
DAY 3	
DAY 4	
DAY 5	
DAY 6	
DAY 7	

WEEK

本周事件

DAY 1	
DAY 2	
DAY 3	
DAY 4	
DAY 5	
DAY 6	
DAY 7	

WEEK

本周事件

DAY 1	
DAY 2	
DAY 3	
DAY 4	
DAY 5	
DAY 6	
DAY 7	

WEEK
本周事件

DAY 1	
DAY 2	
DAY 3	
DAY 4	
DAY 5	
DAY 6	
DAY 7	

WEEK

本周事件

DAY 1	
DAY 2	
DAY 3	
DAY 4	
DAY 5	
DAY 6	
DAY 7	

WEEK

本周事件

DAY 1	
DAY 2	
DAY 3	
DAY 4	
DAY 5	
DAY 6	
DAY 7	

WEEK

本周事件

DAY 1	
DAY 2	
DAY 3	
DAY 4	
DAY 5	
DAY 6	
DAY 7	

WEEK

本周事件

DAY 1	
DAY 2	
DAY 3	
DAY 4	
DAY 5	
DAY 6	
DAY 7	

WEEK

本周事件

DAY 1	
DAY 2	
DAY 3	
DAY 4	
DAY 5	
DAY 6	
DAY 7	

DATE 日期： / /

WEEK 星期：

神经细胞只占神经系统的10%，大多数实际上是胶质细胞。胶质细胞是神经细胞的好伴侣，已知功能主要是为其他神经细胞提供支持、营养供给、维持稳定的环境以及绝缘。

DATE 日期：　　/　　/

WEEK 星期：

即使你睁着眼睛，什么都不想，整个大脑仍然都在使用中。如果是做一些稍微复杂的工作，如起身走路、说话，那你的大脑包括小脑、脑干，每一个部位都在运行。

DATE 日期：　　/　　/

WEEK 星期：

Deadline 的确是第一生产力。但实际上外界压力只是让你集中注意力，而集中注意力肯定会让你避免愚蠢的失误，或是被网络分散注意力。但实际上，在做任何工作时，本就应该集中注意力。当注意力集中时，压力往往并不会让你更快更准确地解决难题。

DATE 日期：　　/　　/

WEEK 星期：

用简单的人话来讲，核磁共振就是能够用来看到当你在干某事的时候，大脑的哪些区域会变得活跃。

DATE 日期： / /

WEEK 星期：

神经细胞靠传递电流来传递信息，即使在静止不动、什么也不想的情况下，大脑也如不夜城一般热闹。我们能够将大脑所产生微弱的生物电，在头皮处收集，并放大记录的一种曲线图，这种图就叫脑电图。

DATE 日期：　　/　　/

WEEK 星期：

当我们说到大脑的时候，往往会遗忘到后脑勺的小脑，它只占了全脑体积的 10%。其主要功能却一点都不能忽视：它负责肢体动作，包括姿势、平衡、运动学习，以及演讲。

DATE 日期：　　/　　/

WEEK 星期：

颗粒细胞是最小的神经细胞之一，细胞体直径只有 5 ~ 8 微米，整个大脑的 75% 以上都是这种细胞，而小脑中的大部分神经细胞就是这种体积极小又极其密集的颗粒细胞，而且在小脑里的颗粒细胞是大脑中最小的神经细胞。

DATE 日期：　　/　　/

WEEK 星期：

小脑负责对话、演讲、运动学习，但它并不负责发出指令，它负责将大脑发出的命令分工下去，让肌肉接收到信息，再告诉大脑：“你的命令已经传达下去了，下一步是什么呢？”

DATE 日期：　　/　　/

WEEK 星期：

小脑若受到损伤，如果某一侧的小脑受到损伤，就会导致不能精准地控制同一侧的身体，譬如不能保持平衡、协调性降低，譬如即使简单地临摹一条曲线也十分困难；同时，说话能力也会受到影响，轻则发音困难，严重则丧失语言能力。

DATE 日期：　　/　　/

WEEK 星期：

严格说来，人最长的神经细胞是肩膀到手指尖的正中神经和尺神经。当然啦，这和长颈鹿先生的比不得的。人家从脖子到脚趾头，传入神经足足有 5 米！

DATE 日期：　　/　　/

WEEK 星期：

其实，眼见不一定为实。你所听到的声音也仅是声音的一小部分而已；你所闻到的榴梿味可能和其他人闻到的并不一样；换一个杯子，就能让你觉得咖啡变了味道；你以为花椒的麻是一种味觉，但它实际上是一种震颤……

DATE 日期：　　/　　/

WEEK 星期：

你看到的、听到的、闻到的、记得的、感受的，都是大脑呈现给你的。当你质疑它时，你会寻求别人的肯定。你拿着一朵花问我，是红色的吗？我回答是的。你长出一口气，原来是虚惊一场。但你忘了，我的大脑和你的大脑也没什么区别啊。

DATE 日期：　　/　　/

WEEK 星期：

当白色的自然光照到物体上，物体会反射某种颜色的光线，这种光线进入人的眼睛，落到视网膜上。通过视网膜上的视锥细胞和视杆细胞，物理光线被转化为神经信号。

DATE 日期：　/　/

WEEK 星期：

当我们看着一个物体时，因为两眼之间有一定距离，所以两眼所接收到的图像会有不同，发送至大脑后，大脑便会分析两幅图像，从而更加精准地判断眼睛与目标物体之间的距离。

DATE 日期：　　/　　/

WEEK 星期：

对于神经系统来说，眼睛是一个很昂贵的配件，不仅眼珠，连相连的神经纤维都非常精细，也占据相当的空间，更重要的是分析视觉信息需要占据大脑很多的分析资源。生存，就是一路的妥协。

DATE 日期：　　/　　/

WEEK 星期：

人类的进化，一路上充满了我们与自然环境、与其他的物种之间的争夺和妥协。而对于神经系统中的各个功能而言，相互之间，也是进行着无声无息的竞争。

DATE 日期：　　/　　/
WEEK 星期：

人的眼球中心是由一种无色透明的胶状物体填充的，叫玻璃体，起着撑起眼球并固定视网膜的作用。

DATE 日期：　　/　　/

WEEK 星期：

对于所看之物，我们每时每刻都在“脑补”。倒不是因为“眼见不为实”，而是“脑见不为实”。因为人的眼睛“看”到的颜色，和我们“想”的颜色是不一样的。

DATE 日期：　　/　　/

WEEK 星期：

每只人眼中有大约 600 万到 700 万个视锥细胞，这种细胞的重要特点就是在亮度高的地方有辨别颜色的能力。

DATE 日期：　　/　　/

WEEK 星期：

在普通视觉的人中，眼球中有三种视锥细胞。这三种视锥细胞能够吸收拥有不同波长的光线，通过测量它们对于不同的光线的吸收能力。

DATE 日期： / /

WEEK 星期：

三色视觉者能够看到近一百万种颜色，但只能区分 150 种左右。

DATE 日期： / /

WEEK 星期：

拥有四色视觉的人类，看到的颜色数量被认为是常人的 100 倍，也就是近一亿种颜色。

DATE 日期：　　/　　/

WEEK 星期：

自从人诞生到这个世界上，视觉系统成熟之后，睁开眼，所看到的任何信息，我们的视觉皮层都会逐渐学习。

DATE 日期：　　/　　/

WEEK 星期：

当一种大脑区域在长时间接收不到该有的训练时，就会成为其他功能的“殖民地”。

DATE 日期：　　/　　/

WEEK 星期：

在多种声音混杂的环境中，注意倾听某一种声音，在听觉神经科学上是非常重要的一个现象，叫作“鸡尾酒会效应”。

DATE 日期：　/　/

WEEK 星期：

如果 Siri 能学习一下人脑，将会有很大的进步，不，将会是飞跃。因为 Siri 现在压根儿就听不懂我们在说什么，它只是简单地把声音信号变成了字而已，然后再把准备好的答案告诉你。

DATE 日期：　/　/

WEEK 星期：

听觉，需要的不仅仅是耳朵，更重要的是大脑。

DATE 日期：　/　/

WEEK 星期：

耳蜗有像花卷一样的结构，里面是一个连通的管道。而我们就是通过这个结构来感知声音中不同的频率的。

DATE 日期：　/　/

WEEK 星期：

声音也可以通过骨头传递到中耳，从而被听到。这就是“骨传导”。

DATE 日期 :　　/　　/

WEEK 星期 :

耳蜗是将声音中的不同频率解码为神经信号的重要结构。

DATE 日期：　　/　　/

WEEK 星期：

虽然随着年龄的增长，有些大脑认知功能可能会因为一些疾病出现问题，但大多数的认知功能会随着年龄的增长而变得更加熟练。

DATE 日期：　　/　　/

WEEK 星期：

对于从小接受音乐训练的人，抱歉，你们的毛细胞肯定是比正常人衰弱得更快的，但算不上损伤啦。但是，你们的听觉皮层绝对比小时候没有接受过音乐训练的人更加优秀。

DATE 日期：　　/　　/

WEEK 星期：

长期听音量过大的激烈的音乐，肯定会对耳蜗里的毛细胞造成不可逆转的消耗。但是，只要正常听音乐、上课、与人交流，正常人过了 20 岁毛细胞就会很自然地减少，然后 35 岁会开始明显逐渐听不见高频的声音。

DATE 日期：　　/　　/

WEEK 星期：

7 岁，是一个音乐学习的分水岭。儿童学习音乐对认知能力影响的最重要的时期为 7 岁之前。

DATE 日期：　/　/

WEEK 星期：

听觉系统像是一个全年无休的安保警报系统，即使你在睡觉时它也一直监控着身边的环境。这毫无疑问对人类的生存有着绝对的优势，使得我们即使在睡觉这种无意识状态下，还能够警觉地发现危险，并及时地采取行动。

DATE 日期：　　/　　/

WEEK 星期：

我们吃饭时尝到的味道 = 味觉 + 口腔到鼻腔的气味，而非一个单一的感知。

DATE 日期：　　/　　/

WEEK 星期：

嗅觉的基本机制为锁—钥匙机制 。不同的味道是由空气中的各种气味分子按照不同浓度而组成的。

DATE 日期：　　/　　/

WEEK 星期：

同一种气味，每个人闻起来都是不一样的。每个人有 400 个基因专门负责不同的嗅觉感受器，而根据人类基因组计划，这些基因又有超过九十万不同的变化。

DATE 日期：　　/　　/

WEEK 星期：

舌尖对甜最敏感，舌根对应苦味，舌头两侧靠前一点是咸味，靠后则是酸味。

DATE 日期：　/　/

WEEK 星期：

科学家发现，用白色盘子装草莓慕斯蛋糕，会让蛋糕味道更好。

DATE 日期：　　/　　/

WEEK 星期：

人之所以会感受到温度的变化，热的还是凉的，是因为在所有负责感受和传递冷热的神经细胞里有一种叫 TRPM8 的感受器。

DATE 日期：　/　/

WEEK 星期：

以前我们以为痒是一种轻微的疼痛，但现在我们认为痒是有别于疼痛的一种感知。

DATE 日期：　　/　　/

WEEK 星期：

简单地来讲，美是一种引起人的愉悦感的物质属性。“认为一个事物美”，可以被看成一个行为或是大脑的一个认知活动。无论你是谁、对象是什么、在什么时刻，这个活动都是有一定的共通性的。而从神经科学角度来定义美的这类研究，叫神经美学。

DATE 日期 :　　/　　/

WEEK 星期 :

有实验曾发现，当人情感丰富时，更倾向于将左脸颊露出来；而当冷漠无情时，甩右脸。下次去见女神男神时可以观察一下。

DATE 日期：　　/　　/

WEEK 星期：

核磁共振显示在受到物理疼痛时的大脑激活区域和受到精神疼痛是一样的。而且在经历精神疼痛时，大脑负责欲望和成瘾的奖赏系统的相关区域也会被激活。

DATE 日期：　　/　　/

WEEK 星期：

很多很多大脑功能是在我们无意识的时候进行的，譬如每一刻你在呼吸，心脏在跳动，但很多时候你可能并没有意识到，大脑一直在控制调节这些生存的基本功能。

DATE 日期：　/　/

WEEK 星期：

“脑海里说话”和“把话说出来”两种过程是基本一样的，活跃的大脑区域也是一致的，只是在活跃强度上，前者没有后者强烈，且没有将组织好的语言发送到运动皮层去动嘴皮子（以及咽喉、舌头、肺等等）这一步。

DATE 日期：　　/　　/

WEEK 星期：

“在脑海中看得见”的能力，叫心眼，那么心眼盲了的人就无法在脑海中可视化影，这个症状才被正式记录下来，被称为 aphantasia（幻想，白日梦）。

DATE 日期：　　/　　/

WEEK 星期：

当我们思考的时候，都像是在自己和自己陈述或者讨论，和这里我们说到的，在脑海里呈现视觉影像有异曲同工之妙。

DATE 日期：　　/　　/

WEEK 星期：

整个睡眠时间中，REM 占大概 25%，非 REM 占 75%。从非 REM 到 REM 再回到非 REM，这就算是一个完整的睡眠循环，大概需要 90 分钟。也就是说，一般情况下，成年人需要一个半小时到两个小时来完成一个完整的睡眠循环。

DATE 日期：　　/　　/

WEEK 星期：

睡眠实际上是一个非常活跃的过程，需要很多大脑区域共同合作来完成睡眠的循环。

DATE 日期：　　/　　/

WEEK 星期：

大脑发育是个很长的过程，从婴幼儿到青少年，虽然变化逐渐变小，但发育依旧持久。

DATE 日期：　　/　　/

WEEK 星期：

时间感会在特定的状态下产生幻觉，或是会产生不真实的认知，譬如说本来时间一样长，但是在某些情况下，人会觉得时间变慢了，有时却觉得变快了。

DATE 日期：　　/　　/

WEEK 星期：

注意力是印象时间感最重要的因素之一。它对于时间感的作用，被认为是影响时间间隔长度的感知。换句话说，当你将注意力集中在时间上，时间会变慢，当你分心了，时间会变快。